마음을 움직이는 온라인 마케팅 83가지 법칙

펀더멘털×테크니컬 마케팅

일러두기

• 화폐 단위 '엔'은 열 배로 계산하여 '원'으로 환산하였습니다.

• 본문에 등장하는 도서는 국내에 출간된 제목으로 기재했습니다.

마음을 움직이는 온라인 마케팅 83가지 법칙

FUNDAMENTAL

펀더멘털 × 테크니컬 마케팅

TECHNICAL

기노시타 가쓰히사 지음 × 김지낭 옮김

MARKETING

인라우드
INLOUD

시작하며

나는 자본금 10만 원으로 세운 회사를 시가총액 1,000억 원 이상 기업들이 소속된 도쿄증권거래소 프라임 시장에 상장시켰다. 이런 성공의 밑바탕이 된 것은 나만의 독자적인 웹마케팅 기법이다. 회사가 성장하는 동안 세밀한 조정이 필요한 프로젝트부터 상장기업에 맞춘 역동적인 마케팅 전략에 이르기까지 다양한 작업을 경험했다.

나는 지금까지 쌓아온 웹마케팅 기법을 아낌없이 공유하기로 결심했다. 이렇게 흥미롭고 생동감 넘치는 일을 혼자만 알고 있기 너무 아까웠기 때문이다.

2000년, 막 웹마케팅에 뛰어든 나는 **'기존에 배운 마케팅 이론을 그대로 인터넷 시장에 적용해서는 안 된다는 것'**을 깨달았다. 그리고 웹마케팅이 정착하면서 다양한 이론이 등장하기 시작했을 때, 또 하나의 중요한 사실을 알게 되었다. **'지금의 웹마케팅은 단순한 디지털 오퍼레이션에 지나지 않는다는 것'**이다.

그런 가운데 내가 기존의 마케팅 이론에 흔들리지 않고 스스로 터득하여 성과를 본 2가지 기법이 있다. 바로 **'펀더멘털 마케팅'**과 **'테크니컬 마케팅'**이다.

'펀더멘털(Fundamental)'과 '테크니컬(Technical)'은 원래 주식 투자에서 사용하는 용어다. 펀더멘털 투자는 기업의 실적, 부채 상황, 경영진의 자질 등을 분석해 장기적인 성장 가능성을 판단하고 투자하는 방법이다. 반면, 테크니컬 투자는 기업이 아니라 주가의 변동 데이터를 분석해서 투자를 결정하는 방법이다.

온라인 증권의 등장으로 주식 거래 수수료가 낮아지면서, 주가의 움직임을 보고 차익을 노리는 테크니컬 투자가 점점 더 활발해지고 있다. 이런 테크니컬 투자를 전문으로 하는 '데이트레이더'의 수도 매년 꾸준히 늘고 있다.

테크니컬 분석을 하는 투자자 중에는 주가의 움직임만 참고할 뿐 해당 기업이 어떤 회사인지조차 모르는 사람도 있다. 이익을 얻게 되면 다행이지만, 어떤 회사에 투자했는지도 모른 채 큰 손실을 보는 일도 부지기수다.

나의 전문 분야인 웹마케팅에서도 이와 비슷한 상황이 벌어지고 있다. 마케팅이 점차 '웹(Web)'을 대상으로 발전하면서 펀더멘털 마케팅과 테크니컬 마케팅이라는 2가지 방법론이 확립된 것이다.

펀더멘털 마케팅은 상품과 소비자의 페르소나(특정 서비스나 제품의 이상적인 고객을 대표하는 가상의 인물 프로필), 그리고 인사이트(소비자를 실제 구매 행동으로 유도하는 핵심 요인)를 분석해 소통 전략을 설계하는 방법이다.

한편, 테크니컬 마케팅은 클릭률(노출된 광고를 본 사람 중 실제로 광고를 클릭한 사람의 비율), 전환율(광고를 통해 웹사이트를 방문한 사람 중 구매 페이지로 이동한 방문자의 비율), 구매율(구매 페이지 방문에서 실제 구매로 이어진 비율), 키워드(고객이 검색엔진에 입력한 단어) 등, 수치로 분석할 수 있는 정보를 바탕으로 고객과의 소통 전략을 설계하는 방법이다.

웹마케팅은 고객과 직접 만나지 않는다. 그러므로 광고 문구 작성, 클릭 후 방문하는 웹페이지의 텍스트 구성, 결제 버튼의 문구 설정을 비롯한 모든 과정이 고객과의 소통이라 할 수 있다.

펀더멘털 마케팅은 상품과 그 사용자를 깊이 이해하고 전략을 세운다는 점에서 기존의 마케팅과 유사하다. 그러나 웹 환경과 현실 세계는 여러 가지 전제 조건이 다르다. 이 점을 고려하지 않고, 웹마케팅 전략을 현실 마케팅의 연장선으로 여기는 기업이 많다. 당연히 이런 방식으로는 성과를 기대하기 어렵다. 인터넷상에서는 해당 상품과 경쟁 상품을 바로 비교할 수 있다. 그러므로 기존과는 완전히 다른 소통 방식과 콘셉트 설계가 필요하다.

반면에 테크니컬 마케팅은 주식 투자(테크니컬 투자)와 마찬가지로 데이터를 기반으로 판단하기 때문에, 광고 제작이나 상품에 대한 지식이 부족하더라도 일정 수준의 성과를 낼 수 있다. 실제로 상품에 대해 잘 알지 못하는 마케터가 테크니컬 마케팅으로 성공을 거두기도 하고, 반대로 큰 손실이나 기회손실을 불러오기도 한다.

테크니컬 마케팅은 관련 지식이 부족해도 성공할 수 있다는 장점이 두드러지기 쉽다. 하지만 이런 장점에만 주목하기보다, 그 이면에 존재하는 부정적인 측면에도 주의를 기울여야 한다.

테크니컬 마케팅은 이미 잘 팔리고 있거나, 팔기 쉬운 상품에 적용하기 알맞은 방법이다. 잘 팔리는 상품을 더욱 효율적으로 판매하거나, 판매는 잘 되지만 주문당 비용(1건의 주문을 획득하는 데 필요한 평균 비용)이 큰 상품의 비용을 줄이고자 할 때 유용하다. 그러나 판매가 부진한 상품이 잘 팔리도록 하는 데는 도움이 되지 않는다.

마케팅의 본래 역할 중 하나는 아직 빛을 보지 못한 우수한 상품을 발굴해 판매로 이어지게 만드는 것이다. 진심으로 웹마케팅에서 성과를 내고 싶다면, 펀더멘털 마케팅과 테크니컬 마케팅을 두루 섭렵해야 한다. 이 2가지 기술이 서로 조화를 이루었을 때 비로소 웹마케팅이 본연의 역할을 다할 수 있다.

그래서 나는 이번에 웹마케팅을 이루는 펀더멘털 기법과 테크니컬 기법을 체계화하여, 누구나 따라 할 수 있도록 알기 쉽게 정리했다.

이 책은 먼저 제0부에서 펀더멘털 마케팅과 테크니컬 마케팅의 전체적인 구조를 살펴본다. 이어서 전반부에서는 주로 사람의 감정을 기반으로 한 웹 커뮤니케이션 설계 방법을, 후반부에서는 디지털데이터를 활용해 수익을 계산하고 운영하는 방법을 자세히 알아본다.

부디 독자 여러분이 이 책의 마지막 페이지까지 함께해 주시기를 바란다.

책을 다 읽고 나면, 여러분은 펀더멘털 마케팅과 테크니컬 마케팅을 자유자재로 활용하는 웹마케팅 전문가로 성장해 있을 것이다.

FUNDAMENTALS
×
TECHNICALMARKETING

용어 해설

본 용어집은 용어의 뜻을 쉽게 기억할 수 있도록 간결하게 정리했다. 먼저 이 페이지의 모서리를 접어두거나 이곳에 메모지를 붙여두자. 본문에 나온 용어의 뜻이 잘 생각나지 않을 때는, 다시 여기로 돌아와 해설을 참고하기를 바란다.

AB 테스트

판매 상품을 대상으로 2개 이상의 광고를 만든 다음, 각각의 성과를 비교하여 최적의 전략을 선택하는 방법.

AB-X 테스트

AB 테스트가 확장된 형태로, A와 B 이외의 새로운 선택지 X를 찾기 위해 실행하는 테스트.

BLP(Bridge Landing Page)

LP의 한 종류로, 광고와 HLP의 차이를 좁히기 위해 정보를 제공하는 상세페이지. 신문 기사형, 설문형 등 다양한 형식이 있다.

CPC(Cost Per Click)=클릭당 비용

광고를 1회 클릭할 때마다 발생하는 비용. '광고비÷클릭 수'로 구한다.

CPO(Cost Per Order)=주문당 비용

실제로 상품을 주문한 고객 1명(1건의 주문)을 획득하는 데 필요한 비용. 획득단가. '광고비÷획득한 고객 수'로 구한다.

CTR(Click-Through Rate)=클릭률

노출된 광고를 본 사람 중 실제로 광고를 클릭한 사람의 비율. '클릭 수÷임프레션(광고 노출 수)'으로 구한다.

CV(Conversion)=전환

광고나 웹사이트에서 유도하고자 하는 목표 행동. 대표적인 예로 상품 구매나 유료 서비스 구독 등이 있다. '전환 수'는 목표 행동이 실제로 실행된 횟수를 말한다.

CVR(Conversion Rate)=전환율

방문자 중 원하는 목표 행동을 실행한 사람의 비율. 주로 상품 구매나 계약으로 이어진 비율을 말한다. 구매전환율, 컨버전율이라고도 한다. '전환 수÷클릭 수(또는 방문자 수)'로 구한다.

HLP(행동 Landing Page)

실제 구매 행동이 이루어지는 랜딩 페이지. 장바구니나 주문서 등 상품 구매에 관한 기능이 포함되어 있으며, 고객은 이 페이지에서 구매를 마친다.

KPI(Key Performance Indicator)=핵심성과지표

목표 달성 과정을 측정하고 평가하기 위한 핵심 지표.

LP(Landing Page)

광고를 클릭한 후 표시되는 연결 페이지.

LTV(Lifetime Value)=고객생애가치

고객 1명이 기업의 제품이나 서비스를 이용하면서 소비하는 총금액의 예상치.

ROAS(Return On Advertising Spend)=광고수익률

사용한 광고비 대비 매출액의 비율. '매출액÷광고비'로 구한다.

USP(Unique Selling Proposition)

제품이나 서비스가 가진 고유의 강점.

데모그래픽(Demographic) 속성

소비자를 나이, 성별, 지역 등의 항목으로 구분하는 인구통계학적 속성.

로열티(Loyalty)

특정 제품, 브랜드, 회사에 대한 고객의 충성도.

리얼 마케팅(Real Marketing)

오프라인 매장을 중심으로 진행하는 마케팅.

마이크로 카피(Micro Copy)

버튼 문구, 이미지 주석 등 보충 설명을 위한 짧은 문구.

미디어(Media)

구글, 페이스북 등 광고를 게재하고 표시하는 매체.

보디 카피(Body Copy)

상품 설명에 해당하는 광고 본문.

사이코그래픽(Psychographic) 속성

개인의 감정, 행동, 관심 등을 기반으로 분류한 심리적 속성.
예) 새로운 스킨케어 제품 구매 희망, 눈가 주름 개선 희망.

애드테크(AD Tech)

인공지능이나 머신러닝과 같은 IT 기술을 활용해 광고를 자동으로 분석하고 최적화하는 기술.

운영 대행 수수료

웹광고를 광고대행사에 의뢰할 때 지급하는 수수료.

전이율

BLP를 방문한 사람 중 HLP로 이동한 사람의 비율. '이동 수÷클릭 수'로 구한다.

인사이트(Insight)

소비자를 실제 구매 행동으로 유도하는 핵심 요인. 고객의 근본적인 욕구와 심층 심리를 가리킨다.

임프레션(Impression)=노출 수

광고가 노출된 횟수.

입찰 단가

경매 방식으로 광고를 낙찰할 때 제시하는 단가. 노출당, 클릭당, 전환당 등 다양한 과금 방식이 있다.

카피(Copy)

광고의 홍보 문구.

캐치 카피(Catch Copy)

소비자의 눈에 가장 먼저 들어오는 짧은 문구로 보는 이의 관심을 끄는 것이 목적이다.

크리에이티브(Creative)

배너, 랜딩 페이지, 포스터, 홍보물 등 마케팅에 필요한 광고 제작물의 통칭. 또는 그 제작물을 만드는 작업을 뜻한다.

타깃 세그먼트(Target Segment)

기업이 마케팅 대상으로 선정한 타깃 소비자 유형. 혹은 그 유형을 바탕으로 시장을 세분화하는 작업.

페르소나(Persona)

특정 서비스나 제품의 이상적인 고객을 대표하는 가상의 인물 프로필.

프레임워크(Framework)

과거에 효과를 거둔 광고의 구성 방식. 주로 랜딩 페이지의 디자인 패턴을 의미한다.

프로덕트(Product)

상품.

목차

제3부 미래의 마케터와 브랜드 전략의 방향

제0부

펀더멘털
마케팅과
테크니컬
마케팅의 개요

내가 웹마케팅을 시작한 때는 2000년 무렵이었다. 앞서 이야기했듯이, 일을 시작하자마자 '지금까지 배운 마케팅 이론을 그대로 인터넷 시장에 적용해서는 안 된다는 사실'을 깨달았다.

온라인 시장이 등장하기 전의 전통적인 마케팅 이론은 다음과 같은 전제 조건을 바탕으로 만들어졌다.

- 경쟁자와 물리적인 거리가 존재한다.
- 판매 공간에 한계가 있다.
- 커뮤니케이션에 거액의 비용이 든다(광고비, 인쇄비, 우편 요금 등).

하지만 전제 조건이 다른데도 기존의 마케팅 이론을 온라인 시장에 그대로 적용하려는 모습을 종종 목격하곤 한다.

제0부에서는 오늘날 웹마케팅을 둘러싼 환경이 어떻게 바뀌었는지 자세히 살펴보자.

1

매장에서 잘 팔리던 상품이 온라인에서는 팔리지 않는 이유

앞서 온라인 시장이 등장하기 전의 전통적인 마케팅 이론은 다음과 같은 전제 조건을 바탕으로 만들어졌다고 설명했다.

- 경쟁자와 물리적인 거리가 존재한다.
- 판매 공간에 한계가 있다.
- 커뮤니케이션에 거액의 비용이 든다(광고비, 인쇄비, 우편 요금 등).

여기서 각각의 항목을 조금 더 자세히 살펴보자.

첫 번째는 '경쟁자와의 사이에 존재하는 물리적인 거리'다. 기존의 마케팅에서는 경쟁 상대와 물리적인 거리가 존재할 경우, 서비스나 상품의 품질이 국내 또는 세계 최고일 필요가 없었다. 소비자가 이동할 수 있는 범위 내에서만 경쟁자를 이기면 충분히 비즈니스를 성공으로 이끌 수 있었기 때문이다.

그러나 웹마케팅이 주류가 되면서 상황은 완전히 달라졌다. 인터넷의 보급으로 소비자들이 다양한 상품을 손쉽게 비교할 수 있게 되었고, 그 결과 다음과 같은 3가지 경쟁자가 등장했다.

① 전 세계에서 가장 품질이 뛰어난 상품·서비스

② 전 세계에서 가장 가격이 저렴한 상품·서비스

③ 전 세계에서 가장 배송이 빠른 상품·서비스

스마트폰 제조를 예로 들어보자. ①은 품질 경쟁으로, 기술력이 뛰어난 애플 등의 글로벌기업을 떠올릴 수 있다. ②는 가격 경쟁이다. 중국이나 동남아시아처럼 인건비가 상대적으로 저렴한 국가의 기업이 강력한 경쟁 상대로 떠오른다. ③의 배송 속도 역시, 자본력이 풍부하며 대형 물류시스템을 갖춘 기업이 유리하다.

시장의 규모가 커진 만큼, 경쟁의 범위도 전 세계로 확대되었다는 점을 쉽게 이해할 수 있다.

두 번째 전제 조건인 '판매 공간의 한계'는 웹마케팅의 등장과 함께 사라졌다. 이 사실은 내가 웹마케팅이 기존의 방식을 크게 바꾸어놓을 것이라고 확신하게 된 중요한 계기가 되었다.

실제 매장은 면적에 제한이 있어 진열할 수 있는 상품의 수에도 한계가 있었다. 이런 한계 속에서 강력한 무기로 작용한 것이 바로 '브랜드'다.

소매점은 이 브랜드라면 믿고 판매할 수 있다는 신뢰를 바탕으로 특정 브랜드의 상품을 우선하여 들여왔다. 이는 한정된 공간을 효율적으로 활용하기 위한 전략이었다. 소비자들 역시 매장에 가면 품질이 보증된 물건을 살 수 있다는 점을 편리하게 여겼다.

하지만 온라인 시장의 등장으로 기존의 마케팅 상식은 완전히 뒤집혔다. 판매 공간이 무한대로 확장되었고, 소비자들은 그 공간을 자유자재로 이동하며 다양한 제품과 서비스를 비교할 수 있게 되었기 때문이다. 이제 소비자들은 특정 브랜드나 쇼핑몰 사이트를 먼저 찾지 않는다. 대신, 구글이나 아마존에서 필요한 물건을 검색하며 탐색을 시작한다. 이런 변화로 인해, **상품과 서비스는 브랜드나 쇼핑몰이라는 '집합'의 일부가 아니라 '개별 상품'으로서 경쟁하게 되었다.** 이 말은 곧 온라인에서 판매되는 모든 상품과 서비스가 개별적으로 평가받고 경쟁해야 한다는 것을 의미한다. 브랜드가 신뢰를 보증하던 시대는 끝났고, 상품 자체의 경쟁력만으로 성공할 수 있는 진정한 실력주의 시대가 열린 것이다.

세 번째 전제 조건인 '거액의 커뮤니케이션 비용'에도 큰 변화가 있었다. 기존의 마케팅 방식은 여러모로 효율이 떨어졌다. 화장품 광고를 예로 들어보자. 과거에는 20~30대 여성에게 어필하려 해도, 모든 연령과 성별을 대상으로 한 TV 광고나 신문 전단을 만들어야 했다. 이 과정에서 타깃이 아닌 소비자에게도 광고가 노출되면서 큰 비용 손실이 발생하곤 했다. 타깃을 좁혀 광고 메일을 보내는 방식은 나름 효율적이었지만, 모든 잠재 고객을 확보하기에는 한계가 있었다. 결국, 이런 방식으로는 기회 손실을 완전히 막을 수 없었다.

기존의 마케팅에서는 어떤 방식을 선택하더라도 '비용 낭비'나 '기회손실' 중 하나는 피할 수 없었다. 하지만 웹마케팅은 이런 한계를 완전히 무너뜨렸다. 온라인 시장에서는 '상품을 원하는 고객'을 쉽게 찾을 수 있다는 이점 덕분에 커뮤니케이션 비용이 눈에 띄게 줄어든 것이다.

예를 들어, A라는 키워드를 검색한 소비자가 자사 제품에 관심이 있다는 사실을 파악했다면, 해당 키워드에 리스팅 광고(검색 연동형 광고)를 노출해 구매를 유도할 수 있다.

또 다른 예로 특정 성별, 연령대, 거주지, 소득층이 자사 제품에 관심이 있다는 것을 알았다면, 그들에게만 디스플레이 광고(인터넷 사이트에서 자동으로 표시되는 광고)를 노출하는 방법으로 접근할 수도 있다.

그 밖에도 적은 비용으로 큰 효과를 볼 수 있는 방법이 있다. 자사 사이트를 방문했던 소비자에게 자사 광고를 다시 보여주는 리타기팅 광고를 활용하는 것이다. 이 방법은 EU의 개인정보 규제에 따라 앞으로의 활용 여부가 불투명하지만, 현재로서는 낮은 비용으로 높은 성과를 낼 수 있는 효과적인 마케팅 방법으로 알려져 있다.

이처럼 웹마케팅이 주류가 된 시대에서는 기존의 마케팅 전략이 통하지 않았다. 그러나 이런 변화는 당시 막 회사를 차렸던 나에게는 매우 유리한 환경이었다. 이 분야에 선구자가 없었기 때문이다. 과거의 실적이 무용지물이 된 덕분에 내가 세운 작은 회사와 대기업이 같은 출발선에 설 수 있었다. 나는 큰 기대와 설렘을 안고 웹마케팅 업계에 뛰어들었다. 그리고 수많은 시행착오를 거치면서 나만의 이론을 하나씩 만들어 나갔다.

2

주먹구구식 AB 테스트의 문제점

시간이 흐르면서 웹마케팅은 이제 일반적인 마케팅 방법론으로 자리 잡았다. 기존의 마케팅 이론과는 다른 독자적인 웹마케팅 이론도 등장하기 시작했다.

최근 웹마케팅을 다룬 책이나 세미나가 넘쳐나고 있다. 하지만 그중 상당수는 기존 마케팅 이론에 관한 이해가 뒷받침되지 않은 '웹마케팅 흉내'에 불과하다. 특히 자주 발생하는 문제가 바로 **'잘못된 데이터 해석'**이다.

이 책을 집필하게 된 이유도 여기에 있다. 테크니컬 마케팅을 지나치게 중시하고, 데이터 해석의 오류가 빈번하게 일어나는 현실에 문제의식을 느꼈기 때문이다.

웹마케팅의 가장 큰 장점은 성과를 정확한 숫자로 측정할 수 있다는 점이다. 하지만 마케팅의 기본 지식 없이 데이터를 분석하면, 분석 과정이 지나치게 단순해지고 본질을 놓치기 쉽다.

예를 들어, AB 테스트라고 불리는 웹마케팅의 대표적인 기법이 있다. 이는 A, B, C와 같이 2개 이상의 광고 소재를 제작한 뒤, 어느 광고가 가장 좋은 성과를 냈는지 확인해 최적의 선택을 결정하는 방식이다.

하지만 마케팅에 대한 기본 지식 없이 이 테스트를 실행하면, '후보 중에서 A의 결과가 가장 좋았으므로 A가 정답이다'라는 식의 성급한 결론을 내리게 된다. 과연 이런 방식의 AB 테스트가 정말 올바른 접근인지 의문이다.

마케팅의 본질은 단순히 드러난 성과를 확인하는 데 있는 것이 아니다.

• 왜 A가 가장 좋은 결과를 보였을까?

• A, B, C라는 선택지 외에 X, Y, Z라는 더 나은 가능성은 없을까?

이렇게 다양한 질문을 던지고, 모든 가능성을 검토하며 최적의 전략을 찾아가는 과정이 바로 마케팅이다. 이 책에서 소개하는 펀더멘털 마케팅은 다양한 가능성을 고려하고 분석해 최선의 결정을 내리는 과정에 초점을 둔다.

반면에 여러 선택지를 만들어 AB 테스트를 실행한 뒤, 가장 성과가 좋은 것을 선택하는 방식은 단순한 데이터 활용에 지나지 않는다. 이는 테크니컬 마케팅을 잘못 이해한 대표적인 사례라고 볼 수 있다. 더 큰 문제는 이런 단순 작업을 웹마케팅이라고 착각하는 이들이 많다는 것이다.

마케팅은 단순히 테스트 결과를 확인하는 작업이 아니다. 어떤 선택지를 준비할 것인지, 전혀 다른 선택지를 고려할 필요는 없는지 확인하는 과정부터 시작해야 한다. 하지만 마케팅의 기본 지식이 부족한 이들은 이런 초기 설계 과정을 소홀히 하기 쉽다. 이름만 AB 테스트지, 별다른 고민 없이 여러 선택지 중에 하나를 고르는 것이다.

특히 대형 웹광고 대행사가 제작하는 광고에서 이런 문제가 더욱 두드러진다. 상품, 소비자, 경쟁사에 대한 충분한 이해 없이 대량으로 광고를 제작한 다음, AB 테스트에서 살아남은 후보를 최적의 전략으로 채택하는 식이다. 이는 테크니컬 마케팅에 지나치게 의존한 대표적인 사례라고 할 수 있다.

이런 식의 AB 테스트는 A와 B를 단순히 비교해 보는 과정에 불과하다. 만약 A와 B가 모두 뚜렷한 성과를 보이지 않았다면, 이 테스트는 어느 쪽이 그나마 괜찮은가를 알려줄 뿐이다.

진정한 마케팅은 단순히 A와 B를 비교해서 둘 중 하나를 고르는 것이 아니다. **A와 B 외에도 X라는 새로운 가능성을 고려하고, 이를 포함해 테스트를 설계하는 것이야말로 진정한 마케터의 역할이다.**

애초에 AB 테스트에는 광고 비용이 발생한다. 광고대행사로서는 테스트를 진행할수록 광고비와 운영 대행 수수료를 벌 수 있으니, 적극적으로 이를 권장하려고 한다. 그러나 광고주는 비용 지출을 최소화하기 위해 되도록 테스트 없이 정답을 찾고 싶어 한다. 충분한 지식 없이 진행하는 AB 테스트는 애써 비용을 들여 광고 제작자의 지식 부족을 증명하는 과정인 셈이다.

3

웹마케팅의 전체 구조

이제 웹마케팅의 전체적인 구조를 살펴보자.

가장 중요한 점은 **테크니컬 마케팅이 펀더멘털 마케팅의 일부라는 사실이다.** **그림1**에 정리했듯이, 이 개념을 명확히 이해하는 것이 웹마케팅을 효과적으로 운영하는 첫걸음이다.

테크니컬 마케팅을 실행했음에도 성과가 나지 않았다면, 되돌아봐야 할 곳은 펀더멘털 마케팅의 영역이다. 대부분 마케팅의 기본 전략과 가설이 잘못되었을 가능성이 크므로, 기초부터 다시 검토해야 한다. 그러나 테크니컬 마케팅에만 매달리게 되면, 이 상품은 시장에서 통하지 않는다는 성급한 결론을 내리기 쉽다. 이런 섣부른 판단이 초래하는 기회손실은 상상 이상으로 크다. 나는 지금까지 비슷한 장면을 수없이 목격했다.

이 책의 서두에서도 이야기했듯이, 광고 제작이나 상품에 대한 지식이 부족하더라도 테크니컬 마케팅이 통할 때가 있다.

예를 들면 충분한 분석 없이 세운 가설이 운 좋게 맞아떨어지는 경우가 있다. 또는, 기존 오프라인 매장에서 이미 검증된 상품이거나, 펀더멘털 전략이 탄탄하게 설계된 상태에서 프로젝트가 넘어온 경우도 마찬가지다. 이런 상황에서는 테크니컬 마

그림1 웹마케팅의 전체 구조

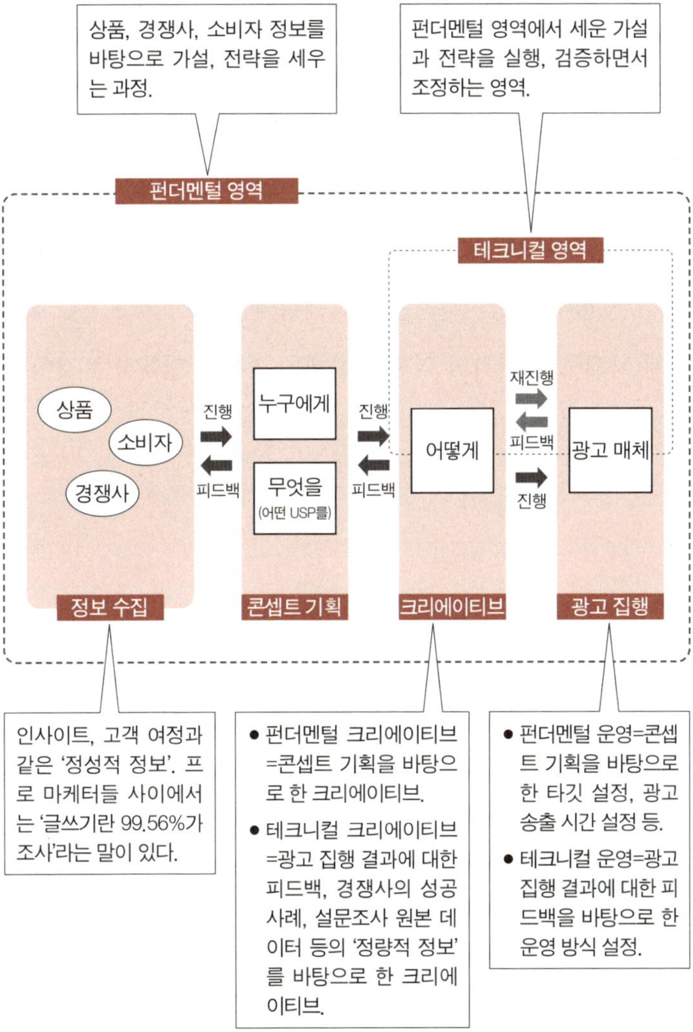

케팅 기법만으로도 비교적 쉽게 성과를 낼 수 있다. 문제는 이런 우연한 성공이 마케터에게 착각을 불러일으킨다는 점이다. 밑바탕에 있는 펀더멘털 요소는 무시한 채, 테크니컬 마케팅이 만능이라고 여기는 것이다. 상품의 문제가 아니라 시장조사, 소비자 분석, 콘셉트 수립 등 펀더멘털 작업이 잘못되었다는 사실을 모르고 지나칠 수 있다.

이런 실수를 방지하려면 웹마케팅의 전체적인 구조를 올바르게 이해하고, 각각의 역할과 한계를 명확히 인식하는 것이 중요하다.

4

디지털의 힘으로 마케팅 성과를 극대화하는 방법

지금까지 기존의 마케팅 이론을 그대로 온라인 시장에 적용할 수 없는 이유를 알아보았다. 하지만 그렇다고 해서 기존의 마케팅 이론을 무시해도 좋다는 뜻은 아니다. 마케팅의 기본 원리와 원칙을 이해하지 못한 채로 진행하는 웹마케팅은 단순한 디지털 오퍼레이션이 될 수 있기 때문이다. 그리고 디지털 오퍼레이션의 상당 부분은 이미 AI가 대체하고 있다.

이제는 단순히 AI에 의존하는 것이 아니라, AI를 도구로 활용하며 능동적으로 결과를 창출할 수 있는 웹 마케터가 필요하다. 이런 시대의 요구에 맞추어 이 책에서는 펀더멘털 마케팅과 테크니컬 마케팅을 함께 다루며, AI 시대에 필요한 웹마케팅 전문가로 거듭나는 방법을 제시하고자 한다.

물론 기존의 이론이 모두 웹마케팅에서 쓸모없는 것은 아니다. 활용할 수 있는 이론과 그렇지 않은 이론을 선별하고, 그 이론을 환경에 맞게 변환해야 한다. 또한, 디지털 오퍼레이션에 마케팅의 기본 원리와 원칙을 결합함으로써, 이를 진정한 웹마케팅으로 발전시켜야 한다.

내가 이 책을 쓴 이유는 디지털의 힘을 활용해 마케팅 성과를 극대화하는 방법을 기초부터 체계적으로 전달하기 위함이다. 나는 독학으로 웹마케팅을 터득했고, 자본금 10만 원으로 창업한 기타노다쓰진 코퍼레이션을 증권거래소 상장기업으로 만들었다. 나에게는 그런 경험을 토대로 진정한 웹마케팅이 무엇인지 이야기할 책임이 있다고 생각한다. 그 신념이 이 책을 쓰게 된 계기가 되었다.

이 책에서는 웹마케팅의 핵심 기법을 아낌없이 전수하는 한편, 펀더멘털 마케팅과 테크니컬 마케팅의 개념을 명확히 정리하고자 한다. 나아가 이 둘을 조화롭게 결합한 **사람 중심의 마케**

팅을 제시하는 것이 목표다. 단순한 데이터 분석이나 기계적인 광고 최적화를 넘어, 진정한 웹마케팅이란 무엇인지 함께 생각하고 배우는 기회가 되길 바란다.

FUNDAMENTALS

×

TECHNICALMARKETING

제1부

펀더멘털 마케팅의 핵심 비법

1장 펀더멘털 크리에이티브의 개요

앞서 그림1에서 살펴보았듯이 펀더멘털 크리에이티브란 '정보를 수집'하고, '콘셉트를 기획'하여 '크리에이티브(광고 제작물)'를 제작하는 과정을 말한다. 먼저 '소비자', '경쟁 대상', '상품'에 관한 정보를 조사하고 이해한 다음, '누구에게', '무엇을', '어떻게' 전달할지 고민하는 과정은 기존 마케팅과 같다. 하지만 웹마케팅에서는 다음 사항을 추가로 고려해야 한다.

① 웹마케팅에서 크리에이티브 제작은 '소비자가 해당 상품을 전 세계의 상품과 쉽게 비교할 수 있다는 점'을 전제로 한다. 따라서 이 상품이나 서비스의 특징을 '한눈에 이해할 수 있도록' 간결하게 나타내는 것이 중요하다.

② 웹사이트의 내용은 종이 매체나 TV처럼 고정된 크기 안에 표시되는 것이 아니라, 스크롤로 이동하면서 볼 수 있도록 구성되어 있다. 그러므로 첫 문장이나 가장 먼저 눈에 들어오는 첫인상이 중요하다. 만약 이 부분에서 실패하면 이어지는 내용이 아무리 좋더라도 의도가 전달되지 않는다.

③ 웹마케팅에서는 타깃 세그먼트 기술이 빠르게 발전하고 있다. 따라서 광고 매체의 세그먼트 기능에 대한 이해와 이를 바탕으로 한 페르소나 설정이 필요하다.

이어서 이 3가지 사항에 대해 자세히 살펴보자.

5

'누구에게' × '무엇을' × '어떻게' 전달할 것인가

크리에이티브를 제작할 때, 웹마케팅 초보자는 표현 방식에 집중하며 독특한 아이디어를 찾으려 애쓴다. 하지만 크리에이티브는 기발한 발상이나 아이디어가 아니라 '논리적 사고'에 기반하여 체계적으로 만들어야 한다. 일회성 아이디어나 번뜩임만 믿고 크리에이티브를 만들어서는 안 된다.

웹마케팅 초보자는 먼저 크리에이티브가 **'누구에게(어떤 대상**

에게)' × '무엇을(어떤 내용을)' × '**어떻게**(어떤 방식으로)'라는 3가지 요소로 이루어진다는 점을 이해해야 한다.

5-1. '누구에게' — 타깃 유저

먼저 '누구에게'란 '타깃 유저'를 의미한다.

예컨대 같은 상품이라도 남성과 여성이 주목하는 포인트가 다르며, 각 대상에게 효과적으로 전달되는 표현 방식에도 차이가 있다. 이 내용은 뒤에서 자세히 다루겠지만, 일반적으로 남성은 '매력(이성에 대한 어필 요소)'을, 여성은 '공감'을 중시한다. 게다가 여성은 남성보다 약 4배 더 많은 종류의 색상을 구별할 수 있다고 한다. 이 사실은 크리에이티브 제작 과정에서 반드시 여성 디자이너의 검토를 거쳐야 한다는 점을 시사한다.

이렇게 성별 간의 차이만 보아도 타깃에 따라 전달 내용이나 표현 방식을 달리해야 한다는 점은 쉽게 이해할 수 있다.

또한, 타깃을 다음과 같이 세분화하는 것도 중요하다.

- ○○로 고민 중이지만, 아직 대책을 실행하지 않은 사람
- ○○ 증상이 있지만, 자각이 없는 사람
- ○○ 대책으로 선호하는 상품이 있지만, 더 좋은 대체 상품을 물색 중인 사람

이런 식으로 타깃을 분류하면 각 대상에게 어필해야 할 상품의 특징도 달라지게 마련이다.

'○○로 고민 중이지만, 아직 대책을 실행하지 않은 사람'에게는 고민을 방치하는 것이 얼마나 위험한지를 강조해야 한다. '○○ 증상이 있지만, 자각이 없는 사람'이라면 증상을 자각하도록 유도하는 메시지를 전달해야 한다. '○○ 대책으로 선호하는 상품이 있지만, 더 좋은 대체 상품을 물색 중인 사람'에게는 자사 제품이 타사에 비해 압도적으로 우수하다는 점을 어필해야 한다.

이런 식으로 여러 타깃 유저를 설정하고, 각 대상에게 '무엇을(어떤 내용을)' 전달할지 고민하는 과정이 필요하다.

5-2. '무엇을' — 전달해야 할 상품의 특징

신차 광고를 제작하는 경우를 생각해 보자. 우선 차량이 가진 특징 중 '무엇을' 전달할지 정해야 한다. 어필 요소에는 다음과 같은 6개의 후보가 있다.

- 세련된 디자인
- 저렴한 가격
- 운전의 편리성
- 작은 크기에 비해 많은 수용 인원

- 자동 제어 기능에 의한 안전성
- 뛰어난 가속 성능

이 중 어떤 요소를 선택하느냐에 따라, 다음 과정인 '어떻게'의 표현 방식이 완전히 달라진다.

강조해야 할 주요 포인트는 타깃 유저와 경쟁 상황마다 다르므로, 감각에 의존하는 것이 아니라 전략적인 접근이 필요하다. 앞서 타깃에 따라 어떤 점을 강조해야 하는지 알아보았다. 여기서는 경쟁 상황에 따라 어필할 요소를 선택하는 방법을 간단히 살펴보자.

신차 크리에이티브를 제작하는 경우, 다음과 같은 경쟁 상황을 가정할 수 있다.

- 세련된 디자인 → 페라리, 포르쉐와 같은 경쟁 대상이 있음.
- 저렴한 가격 → 경차, 중고차 등의 경쟁 대상이 있음.
- 운전의 편리성 → 미래에 자율 주행 자동차가 등장할 가능성이 있으며, 현재도 부분 자율 주행 기능을 탑재한 차량이 다수 존재함.
- 작은 크기에 비해 많은 수용 인원 → 유사한 제품이 다수 존재함.
- 자동 제어 기능에 의한 안전성 → 유사한 제품이 다수 존재함.
- 뛰어난 가속 성능 → 유사한 제품이 다수 존재함.

여기서 가격의 저렴함을 강조하려면 제품 가격이 최소한 경쟁 제품과 비슷한 수준이거나 더 낮아야 한다. 만약 가격이 더 높다면 경차나 중고차보다 안전성이 뛰어나다는 점을 함께 강조할 필요가 있다. 또한, 자동 제어 기능에 의한 안전성이나 가속 성능의 우수성을 내세우려면, 단순한 설명만으로는 부족하다. 제삼자 기관의 조사에서 1위를 차지했다는 식의 압도적인 차별화 요소가 뒷받침되어야 한다.

신차가 패밀리 카인 경우, 가속 성능을 어필하는 것은 의미가 없다. 대부분의 패밀리 카 사용자는 이 요소를 중요하게 여기지 않으므로 전혀 공감을 얻지 못하기 때문이다. 즉, 경쟁 제품보다 우위가 없는 요소를 강조하거나 타깃 유저가 원하지 않는 특징을 내세운다면, 아무리 뛰어난 광고를 만들어도 실제 판매로 이어지지 않는다.

광고 제작 회사들은 크리에이티브를 만들 때, 보통 제조사로부터 '무엇을' 강조할지에 대한 설명을 들은 후에 작업을 진행한다. 그러나 제조사의 마케팅 담당자가 이 방향을 잘못 설정하면, 크리에이티브의 완성도가 높더라도 기대만큼의 성과를 내기 어렵다.

그래서 실력 있는 프로 크리에이터들은 '무엇을' 강조할지 스스로 결정하거나 직접 제안한다. 이들은 객관적인 시각에서 소비자의 마음을 가장 강하게 사로잡을 수 있는 요소를 제품 안에서 찾아낸다. 이때 크리에이터가 발견한 요소는 제조사나 제품 개발자가 미처 인지하지 못했던 특징일 가능성이 높다.

이 '무엇을'은 반드시 '그 상품만의 강점'이어야 한다. 예를 들어 유명한 학원 광고 중에 "지망 학교가 모교가 된다"라는 캐치카피가 있다. 이는 실제로 많은 이들의 마음을 사로잡았고 호감도가 높은 광고였다. 그러나 어떤 입시학원에서도 쓸 수 있는 표현이므로 차별화된 강점을 드러냈다고 보기는 어렵다.

웹상에서는 소비자들이 여러 상품을 빠르게 비교하고 검토하기 때문에, 상품의 정보가 전달되었다고 해서 반드시 구매로 이어지는 것은 아니다. 비슷한 기능을 가진 더 저렴한 상품으로 쉽게 넘어갈 수 있기 때문이다.

물론 '그 상품만의 강점'을 어필하는 것도 중요하지만, 자칫하면 소비자에게 일방적으로 다가가는 메시지가 될 수 있다. 만약 차별화된 특징을 내세웠는데도 소비자가 관심을 보이지 않는다면, 그 이유는 '타깃'과 '상품의 특징'이 맞지 않아서다.

이 점을 고려하면, 타깃을 설정할 때는 반드시 '그 상품의 특징에 관심이 있는 사람'으로 좁혀야 한다. '누구에게(타깃)'와 '무엇을(상품의 특징)'은 마치 톱니바퀴처럼 맞물려야 하며, 이 둘이 어긋난다면 마케팅도 실패할 수밖에 없다.

하지만 **콘셉트가 탄탄하게 설정되고, '누구에게'와 '무엇을'이 정확히 맞아떨어진다면, 특별한 기교 없이도 소비자를 사로잡을 수 있다.** 때때로 직설적인 카피가 대성공을 거두는 이유도 바로 여기에 있다.

타깃이 아닌 사람이 보면 별다른 감흥이 없지만, 타깃에게는 강한 인상을 주는 광고가 있다. 이런 광고가 뛰어난 이유는 2가지로 설명할 수 있다. 첫째, 타깃의 인사이트를 정확히 맞추었다는 점, 둘째, **타깃이 아닌 사람들은 광고의 핵심을 이해하기 어렵기 때문에, 경쟁사가 이를 쉽게 모방할 수 없다는 점이다.**

실제로 우리 회사에서 제작한 광고 역시 타깃은 정확히 공략했지만, 그 밖의 대상에게는 크게 알려지지 않았다. 이 사실을 가장 실감하는 순간이 매년 열리는 주주총회다. 이 자리에서 종종 "나는 이 회사의 광고를 본 적이 없는데, 홍보가 부족한 게 아닌가?"라는 질문을 받는다. 하지만 나에게 이 질문은 오히려 칭찬으로 들린다. 회사의 매출은 꾸준히 상승하고 있다. 그런데도 일부 사람들은 광고를 본 적이 없다고 느낀다. 이는 곧, 광고가 정확히 타깃에게만 도달했고, 타깃이 아닌 사람들에게는 거의 노출되지 않았다는 증거다. 질문을 한 주주는 해당 상품의 타깃이 아니었기 때문에 광고를 접할 기회가 없었던 것뿐이다.

이렇듯 최고의 마케터들은 매우 단순한 카피를 만들어낸다. 하지만 이 단순한 카피를 쓰기 전에, '무엇을(상품의 특징)' 강조할지 결정하는 데 엄청난 시간을 투자한다. 뛰어난 마케터일수록 이 과정에 가장 많은 공을 들인다.

5-3. '어떻게' — 적절한 표현 방식

'무엇을(어떤 내용을·상품의 특징)'이 빈약하다면, '어떻게(어떤 방식으로)' 표현할 것인가에 대한 고민이 커질 수밖에 없다. 하지만 '어떻게'를 아무리 잘 꾸민다 해도 본질적인 상품 차별화로 이어지지는 않는다.

직접 매장에서 물건을 고르고 있다고 상상해 보자. 소비자가 포스터나 모형 같은 POP 광고를 보고 즉석에서 구매를 결정하는 상황이라면, 표현 방식이 중요한 역할을 할 수 있다. 하지만 비교가 쉬운 웹광고에서는 이런 방식이 효과적이지 않다.

감성을 자극하는 표현으로 소비자의 관심을 끌었다고 해도, 소비자는 결국 비슷한 성능의 다른 제품을 검색해 비교한 뒤 최종 결정을 내린다. 그러므로 **표현에 공을 들인 광고가 시장 확장에 일조할 수는 있지만, 자사 제품의 실제 판매에는 큰 영향을 미치지 않는다.**

설령 독창적인 표현 방식이 성공했다고 해도, 경쟁사가 금방 따라 하면 그 효과는 오래가지 않는다. 웹 크리에이티브의 세계에서는 아무리 좋은 기획도 10초면 빼앗길 수 있다. 그러므로 '어떻게' 표현하느냐보다, 오직 자사 제품만이 가진 특징과 타깃

그림2 화제가 된 소고·세이부의 크리에이티브

출처: https://www.sogo-seibu.jp/ss/topics/page/award20-watashiwa-watashi.html

유저에게만 강하게 와닿는 '무엇을'을 찾는 것이 훨씬 중요하다.

아무리 신선하고 기발한 표현을 사용해도 '누구에게'와 '무엇을'이 맞지 않으면 결국 '재미있지만, 정작 제품에는 관심이 가지 않는 광고'가 된다.

그림2의 크리에이티브를 함께 살펴보자. 이 광고는 백화점 운영 기업 소고·세이부가 2020년에 진행한 것으로, 당시 큰 화제를 모았다.

메인 카피는 "자, 뒤집어 보자"라는 문구이고, 그 위에 짧은 글이 추가되어 있다. 이 글은 위에서부터 읽으면 부정적인 내용이지만, 아래에서 위로 읽으면 긍정적이고 희망찬 메시지로 바뀌는 기발한 작품이었다. 이 광고는 인터넷에서 폭발적인 반응을 얻으며 많은 이들의 관심을 끌었고, 나 역시 '작품'으로서는 매우 흥미로운 광고라고 생각했다. 하지만, 이 광고가 실제 매출 증가로 이어졌다는 이야기는 들은 적이 없다.

그 이유는 명확하다. 광고 자체는 흥미로웠고 표현 방식도 뛰어났지만, 그 백화점만의 강점이 전혀 드러나지 않았기 때문이다. "그 백화점 광고 정말 좋더라!" 하고 생각할 수는 있지만, "광고가 좋았으니까 그 백화점에서 쇼핑해야겠다!"라는 흐름으로는 이어지지 않은 것이다.

일반적으로 백화점을 선택할 때, 사람들은 위치의 편리함, 가격, 상품 구성, 서비스 등을 고려한다. 따라서 백화점 광고에는 이런 요소들의 강점이 드러나거나, 이를 뛰어넘는 차별화된 요소가 강조되어야 소비자의 행동을 끌어낼 수 있다. 아무리 광고 이미지가 좋아도 그것만으로 특정 매장을 선택할 만큼 소비자의 행동 패턴은 단순하지 않다.

실제로 백화점의 매출을 끌어올리는 가장 효과적인 방법은 할인 전단을 배포하는 것이다. 소고·세이부의 이 광고는 대중의 극찬을 받았지만, 일부 프로 마케터는 거액을 들여 비효율적인 광고를 집행한 회사에 냉랭한 시선을 보냈다. 그리고 시간이 지나, 2022년 2월 해당 회사가 매각 결정을 내렸다는 소식이 전해졌다.

프로의 시각에서 보면 광고 하나만으로도 기업의 미래를 읽을 수 있다. **광고는 단순한 작품이 아니라 어디까지나 사업 전략의 일부다.** 그만큼 광고는 중요한 것이다.

확실한 사실은 인지도와 호감도가 반드시 매출로 직결되지 않는다는 점이다. 또한, 인지도와 호감도는 이익과도 거의 관련이 없다.

예를 들어, 누구나 알고 있고 이미지가 좋은 제품보다 거의 알려지지 않은 같은 종류의 제품이 더 높은 이익을 내는 경우는 흔하다. 과거 '요시노야'가 패스트푸드식 소고기덮밥 사업을 시작했을 때, "빠르고, 싸고, 맛있다"라는 광고 카피를 내세웠다. 이 문구는 요시노야의 강점을 매우 직관적으로 전달하는 표현이었다. 결코 화려한 문장은 아니지만, 소비자가 얻을 수 있는 이점을 단 한 줄로 명확하게 전달했다. 그리고 이 광고를 본 소비자들은 실제로 요시노야에 몰려들었다.

앞서 설명했듯이 크리에이티브는 **'누구에게**(어떤 대상에게)**', '무엇을**(어떤 내용을)**', '어떻게**(어떤 방식으로)**' 전달하느냐**의 3가지 요소로 이루어진다. 이 중 가장 중요한 것은 '누구에게'와 '무엇을'을 제대로 결정하는 것이다.

여기서부터는 실제로 이 과정이 어떤 순서로 진행되는지 알아보자.

6

제품, 소비자, 경쟁사 정보를 철저히 조사하라

'누구에게'와 '무엇을'을 결정하려면, 먼저 다음 3가지를 철저히 조사해야 한다.

- 제품
- 소비자
- 경쟁사 정보

단순히 기존의 제품 자료만으로는 효과적인 크리에이티브를 만들 수 없다. 대부분의 제품 자료에는 소비자와 경쟁 제품에 대한 정보가 충분히 담겨 있지 않기 때문이다. 만약 '제품', '소비자', '경쟁사 정보'를 깊이 이해하지 않고 광고를 만들면 어떻게 될까?

이를 보여주는 대표적인 사례가 **그림3**이다. 대부분 이 광고를 보면 어처구니없다고 느낄 것이다. 자동차, 특히 페라리에 대해 전혀 모르는 사람이 광고를 만들면 이런 결과물이 만들어진다.

이 광고에서는 페라리를 단순히 '바퀴가 4개 달린 이동 수단'으로 정의했고, 페라리를 구매함으로써 얻는 혜택은 '전철을 타

그림3 제품을 전혀 모르는 사람이 만든 광고 예시

> **【이제 출근할 때 정기권은 필요 없습니다】**
>
> 4개의 타이어로 뛰어난 안정감.
> 핸들을 돌리기만 하면 좌우로 자유롭게 이동!
> 전철로 1시간 걸리는 거리도 쾌속 주행으로 단 45분!
>
> 이제 출근할 때 정기권은 필요 없습니다!
>
> 신제품 출시
> 페라리 458 스파이더 3억 2,000만 원
>
> 지금 구매하면 가족 할인!
> 2대 이상 구매 시 7% 할인 혜택!

지 않고 이동할 수 있는 것'으로 설정했다. 3억 2,000만 원이라는 자동차 가격이 비싼지 싼지에 대한 감각조차 없다.

너무 극단적인 예라고 생각하는가? 여성들이 화장품에 무지한 남성이 만든 광고를 본 소감도 이와 비슷하다. 실제로 우리 회사의 남성 신입사원이 처음 만든 화장품 광고는 딱 이 정도 수준이었고, 심지어 일부 웹광고 대행사들도 이런 광고를 아무렇지 않게 제안하곤 한다.

중요한 것은 단순히 '자동차' 광고가 아니라 '페라리 458 스파이더'의 광고를 만들어야 한다는 점이다. 마찬가지로, '화장품' 광고가 아니라 '특정한 제품'의 광고를 만들어야 한다.

그러려면, **수많은 화장품 중에서 오직 이 제품'만'이 가진 요**

소를 철저히 조사해 찾아내야 한다.

소비자, 경쟁사 정보, 그리고 제품을 누구보다 깊이 이해하는 것이 효과적인 광고를 만드는 핵심이다.

7

'넷카마'가 들통나는 이유

'넷카마'라는 말을 들어본 적 있는가? 이 단어는 'Net'과 여장 남자를 뜻하는 일본어 '오카마(オカマ)'에서 유래한 신조어로, 남성이 온라인에서 여성인 척하는 행위나 그런 행위를 하는 사람을 의미한다. 그리고 그 정체가 들통나는 것을 '넷카마바레(ネカマバレ)'라고 한다.

이 이야기를 꺼내는 이유는 최근 자사나 클라이언트의 SNS 계정을 활용한 마케팅 활동이 늘어나면서 넷카마바레가 속출하고 있기 때문이다.

그 원인은 명확하다. 마케터들이 '제품', '소비자', '경쟁사 정보'를 깊이 조사하는 과정을 소홀히 했기 때문이다.

온라인 광고와 크리에이티브는 신문이나 방송 등의 전통적 매체에 비해 교열 시스템이 부족하고, 공적 자원을 활용하는 것에 대한 마케터의 책임감도 약한 경우가 많다. 업계 진입장벽이 낮아지면서 마케터의 평균적인 실력 수준이 하향한 것도 원인 중 하나다.

- 남성이 만든 티가 나는 여성용 제품 광고
- 여성이 만든 티가 나는 남성용 제품 광고
- 젊은 사람이 만든 티가 나는 중장년층 대상 광고
- 가사 경험이 없는 사람이 만든 가전제품 광고
- 부유층을 전혀 접해보지 못한 사람이 만든 고급 브랜드 광고
- 고급 자동차를 타본 적도 없고, 그 가치를 이해하지 못하는 사람이 만든 자동차 광고

이런 광고가 만들어지는 이유는 결국 제품, 소비자, 경쟁사 정보를 제대로 이해하지 못했기 때문이다. 광고를 만든 사람은 나름 진지하게 작업했을지 몰라도, 타깃의 눈에는 광고를 만든 사람이 제품을 전혀 모르고 있다는 사실이 빤히 드러난다. 그런 광고로는 제품이 팔리지 않는 것은 물론이고, 소비자의 신뢰까지 잃게 된다. 이런 엉성한 광고는 진지하게 제품 구매를 고민하는 고객에 대한 모욕이나 다름없다.

언젠가 젊은 사람이 만든 중장년 남성 대상의 광고를 본 적이 있다. 그 광고를 본 나 역시 중장년 남성이었다. 나는 "**소비자**

에 대한 이해가 전혀 없다. 그런 회사가 만들었다면 품질이 좋을 리 없을 것"이라 생각했고, 그 회사의 모든 제품에 대한 신뢰가 무너졌다.

이처럼 넷카마바레 광고는 브랜드 평판과 매출에 악영향을 미친다. 문제는 넷카마 자체가 나쁜 게 아니라, 가짜 행세가 들통날 만큼 타깃과 제품에 대한 이해 없이 광고를 만들었다는 점이다. 넷카마바레는 단순한 광고 실패가 아니라, 마케터로서의 '수치'인 셈이다.

2장 사전 리서치

생뚱맞은 광고가 되지 않도록 타깃을 정확히 공략하고 싶다면, 사전 리서치가 꼭 필요하다. 그리고 리서치를 효과적으로 진행하려면 목표를 명확히 설정해야 한다.

리서치의 가장 큰 목적은 **'마케터가 자신의 언어로 제품의 매력을 전달하고, 소비자로부터 사고 싶다는 반응을 끌어내는 것'**이다.

2장에서는 마케팅에 꼭 필요한 제품과 소비자의 리서치 방법을 자세히 알아본다.

8

사전 리서치를 통해 제품을 완벽히 파악하는 법

제품을 이해하려면 제품 기획자나 개발자와 대화하고 관련 자료를 검토하는 것이 기본이다. 하지만 그 내용을 그대로 전달하면 소비자로부터 사고 싶다는 반응을 끌어낼 수 없다. 그들의 설명은 어디까지나 개발자의 시각에서 이야기한 것이기 때문이다.

제품 개발자에게 "이 제품에는 희소성이 높은 성분 A가 함유되어 있으며, 이 성분을 배합한 것은 우리 회사뿐입니다."라는 설명을 들었다고 상상해 보자. 이 내용을 소비자에게 그대로 전달하면 어떻게 될까?

"A가 들어 있으면 뭐가 좋은데요?"

"굳이 A가 필요한 건 아닌데……."

대부분 이런 의문만 가지고 끝날 것이다.

실제 매장에서 고객과 직접 마주하는 직원들은 제품에 관한 질문에 즉각 답할 수 있도록 충분한 지식을 갖추고 있다. **웹광고에서는 마케터가 판매 직원의 역할을 해야 한다. 소비자들이 궁금해할 만한 점을 예상하고, 이를 정확히 이해한 뒤 효과적으로 전달해야 한다.** 웹에서는 페이지 내 상품 설명이 불충분하더라도 소비자가 일일이 질문하지 않는다. 그냥 페이지를 닫고 떠날 뿐이다. 그런 상황을 피하려면 최소한 다음과 같은 내용을 파악하고 있어야 한다.

"성분 A에는 어떤 효과가 있는가?"

"왜 희소성이 높은가?"

"다른 회사는 왜 이 성분을 사용하지 않는가?"

그러나 제품 개발자에게 물어보면, "원료 공급업체로부터 희소성이 높고 다른 회사에서 사용하지 않는다고 들었을 뿐, 정확한 이유는 모릅니다."라는 답변이 돌아올 수 있다. 이런 경우, 마케터는 원료 공급업체에 문의하거나 직접 조사해야 한다. 제품 개발자의 역할은 우수한 제품을 만드는 것이고, 소비자에게 전달할 정보를 수집하고 이해하기 쉽게 가공하는 것은 마케터의 몫이다. 만약 클라이언트가 제공한 자료만 보고 광고를 만든다면 광고대행사는 그저 전달자의 역할만 할 뿐이다. 스스로 충분히 이해하고 납득할 때까지 조사하는 것이 프로의 자세다.

예를 들어, 조사를 진행한 결과 '희소성이 높은 이유는 단순히 생산량이 적기 때문이고, 다른 회사들이 사용하지 않는 이유는 더 저렴한 대체 성분이 있기 때문'이라는 사실이 드러났다고 하자. 이 경우, 성분 A에 실질적인 강점이 없으므로 마케팅 포인트로 삼을 수 없다.

마케터는 제품 기획자나 개발자가 제공한 내용을 그대로 전달하는 것이 아니라, 직접 조사한 정보를 바탕으로 '마케팅 포인

트'를 새롭게 구성해야 한다.

조사를 계속한 결과, 다음과 같은 사실을 발견했다고 가정해 보자.

"○○ 고민 해결을 위한 성분 B가 있다. 하지만 B에는 단점이 있다. 그럼에도 B는 저렴해서 많은 회사가 사용한다. 한편, ○○ 고민을 해결할 수 있는 성분 A가 있다. A는 B와 달리 단점이 없지만, 생산이 까다롭고 대량생산이 어려워 가격이 비싸다. 그래서 우리 회사는 유통단계를 줄이고, 직접 판매 방식을 선택해 중간 마진을 원료 비용에 투자했다. 그 결과, 우리 회사는 원가가 높은 성분 A를 사용할 수 있었다."

이제 마케터는 이 정보를 바탕으로 소비자에게 직접 설명하고, 그들이 사고 싶다는 반응을 보이는지 확인해야 한다.

"자, 우리 회사의 원가율을 봐주세요. 다른 회사보다 높은 게 보이시죠? 우리 회사는 중간 유통 과정을 없애고 고객에게 직접 판매하고 있습니다. 그래서 중간 마진 없이 그 비용을 좋은 원료에 투자하고 있어요. 예를 들어, 이 제품에는 ○○ 고민에 탁월한 희소 성분 A가 들어 있습니다. A는 제조가 까다롭고 대량생산이 어려워 원가가 상당히 높습니다. 그래서 대부분 더 저렴한 성분 B를 사용하죠. B에는 단점이 있지만, 가격 때문에 어쩔 수 없이 선택하는 겁니다. 하지만 우리는 중간 마진이 없으니까, 원가가 높더라도 품질이 좋은 A를 사용할 수 있었죠. 물론 그 밖에도 엄선한 원료를 사용하고 있습니다.”

이처럼 A를 선택하게 된 배경까지 설명하면, 소비자에게 ‘A 뿐만 아니라 전반적으로 원료에 신경 쓴 제품’이라는 인상을 줄 수 있다.

만약 소비자가 B의 단점을 그다지 신경 쓰지 않는다면, 성분 A의 희소성을 강조하는 전략은 설득력이 떨어질 수 있다. 이럴 때는 소비자의 반응을 계속 살펴보면서 이 제품의 진짜 강점을 찾는 과정이 필요하다. 다만, 이 과정은 설문조사가 아니라 반드시 대면으로 진행해야 한다.

“왜 이 메시지에 공감하지 못했나요?”, “어떤 점에 흥미를 느꼈나요?”, “어떻게 표현하면 더 관심이 갈 것 같나요?”

이런 질문을 직접 주고받으며 소비자의 반응을 즉각 확인하는 작업이 필요하기 때문이다.

9

인터뷰를 통해 소비자를 깊이 이해하라

리서치의 목표를 정했다면 다음 단계는 타깃 유저에 대한 정보 수집이다. 대부분 제품을 기획하는 단계에서 어느 정도 타깃층이 정해져 있으므로, 이를 출발점으로 더 깊이 있는 분석을 진행해야 한다.

가장 좋은 방법은 타깃 유저와 1:1 인터뷰를 진행하는 것이다. 여러 명을 회의실 등에 초대해 진행하는 그룹 인터뷰의 경우 참가자들이 형식적인 대답을 할 가능성이 높기 때문이다. 특히 생활용품과 같은 제품이라면 소비자의 집을 방문해 생활환경을 체험해 보는 것이 가장 이상적이다.

물론 직접 방문하기 어려울 때도 있다. 그런 경우는 온라인 인터뷰를 진행하되, 소비자의 생활 공간이 어느 정도 보이는 환경에서 대화하는 것이 좋다. 이렇게 하면 소비자가 어떤 환경에서 생활하는지, 무엇을 필요로 하는지 더 정확히 파악할 수 있으며 미처 생각하지 못했던 새로운 아이디어가 자연스럽게 떠오르기도 한다.

특별히 번뜩이는 바가 없더라도 **소비자 인터뷰에서 최소한 '키워드'와 '인사이트'는 반드시 얻어야 한다. 마케터로서 인터뷰할 때는 '인사이트를 이해하는 동시에 키워드를 확인하는 자세'가 중요하다.**

예를 들면, 인터뷰 도중 다음과 같이 질문할 수 있다.

"고객님의 생각은 ○○라는 의미로 이해하면 될까요? 그렇다면, ○○○라는 단어를 들었을 때 어떻게 느끼시나요?"

이런 식으로 소비자의 인사이트를 제대로 파악하고 있는지 즉시 확인하고, 그 인사이트를 가장 잘 표현할 수 있는 키워드를 찾아내야 한다.

이 방법으로 인터뷰를 진행하면 끝나는 순간 이미 다음 단계에 필요한 핵심 요소인 '누구에게, 무엇을, 어떻게'가 모두 정리되어 곧바로 크리에이티브 제작에 들어갈 수 있다.

프로 웹 마케터의 세계에서는 소비자 인터뷰를 마친 다음 날 바로 크리에이티브를 하나 완성하는 것이 당연한 일이다.

반면, 다른 사람이 하는 인터뷰에 참관하거나 녹화 영상을 보는 것에는 문제가 하나 있다. 소비자에게 직접 확인 질문을 할 수 없다는 점이다. 인터뷰 도중 자신이 이해한 내용과 가설이 맞는지 즉각 확인할 수 없으므로, 바로 크리에이티브를 만드는 것이 불가능하다.

따라서 마케터는 직접 인터뷰를 진행할 수 있어야 한다. 언제까지나 다른 사람이 제공한 정보에 의존한다면 보조 역할에서 벗어나 진정한 웹 마케터로 성장할 수 없다.

처음에는 어떻게 인터뷰를 해야 할지 막막할 수 있다. 하지만 어렵게 생각할 필요 없다. 가장 쉬운 방법은 가까운 지인 한 사람을 인터뷰하는 것이다.

지인에게 15분만 협조를 구한 다음, Zoom 같은 온라인 도구를 활용해 바로 시작해 보자. 처음에는 아는 사람을 대상으로 연습하고, 점차 실제 타깃에 가까운 사람들과 이야기하는 식으로 발전시키면 된다.

10

SNS·지식 공유 플랫폼·리뷰 사이트 설문조사 자료 분석하기

인터뷰를 통해 소비자의 인사이트와 키워드를 어느 정도 파악했다면, 이제는 지식 공유 플랫폼, 온라인 쇼핑몰 리뷰, SNS(X, 인스타그램 등)에서 해당 키워드를 검색하여 비슷한 유형의 사람들이 쓴 게시글을 읽어보자. 이렇게 하면 타깃층의 생활상을 깊이 이해할 수 있다.

이때 흔히 하기 쉬운 실수가 있다. 바로 '30대 여성의 관심사 베스트 10' 같은 설문 자료를 훑어보고 조사를 끝냈다고 착각하는 것이다. 이런 종류의 설문조사는 어디까지나 '30대 여성 전체'에 관한 자료이기 때문에, 타깃과 무관한 사람들이 상당수 포함되어 있을 가능성이 있다. 게다가 설문조사는 보통 조사자가 미리 준비한 보기 중에서 고르는 방식으로 진행된다. 자유롭게 적은 의견도 조사자가 임의로 키워드를 정리해 순위를 매기는 경우가 많다. 어떤 경우든 설문조사에는 조사자의 주관적인 해석이 개입될 수밖에 없다.

만약 부득이하게 설문조사 자료를 꼭 사용해야 한다면, 대상자 선정부터 질문 설계, 결과 분석까지 본인이 직접 진행한 자료만 사용할 수 있다는 점을 꼭 기억해 두자.

11

전문가의 의견을 올바르게 듣는 법

리서치 과정에서 '전문가'의 의견을 참고할 때도 주의해야 할 점이 있다. 예전에 한 대학교수에게 특정 성분에 대한 설명을 들은 적이 있다.

교수 성분 A에 뛰어난 발모 효과가 있다는 사실이 밝혀졌습니다. 발모제에 성분 A를 배합하면 아주 큰 효과를 볼 수 있을 거예요.

나 성분 A의 효과는 잘 알겠습니다. 그런데 기존의 발모 성분 B와 비교했을 때 어떤 점이 더 좋은가요?

교수 저는 성분 A의 전문가라서 성분 B는 잘 모릅니다.

이때, 전문가의 의견을 무조건 신뢰하여 성분 A를 넣은 발모제를 개발했다고 하자. 그런데 막상 출시해 보니, 기존의 성분 B를 사용한 발모제보다 효과가 떨어지는 사례가 흔히 발생한다.

교수는 '발모 성분'의 전문가가 아니라, '성분 A'의 전문가일 뿐이다. 더 정확히 말하면, '성분 A의 발모 효과'를 연구하는 전문가다. 즉, 교수는 A라는 성분에 발모 효과가 있다는 사실은 알고 있지만, 이것이 기존 성분 B와 비교하여 얼마나 더 뛰어난지는 모를 가능성이 크다. 더 좋은 발모제를 만들기 위해서는 A의 전문가뿐만 아니라 B와 C의 전문가에게서도 정보를 수집하고, 비교·검토한 후 무엇을 사용할지 직접 판단해야 한다.

전문가에게 기대할 수 있는 것은 '의견, 정보, 지식의 제공'일 뿐, '최종 판단'이 아니다. 자신의 비즈니스에 관한 판단은 스스로 내려야 한다.

여기서 핵심은, 내가 만약 성분 B나 C의 존재조차 몰랐다면 교수 역시 그에 대해 언급하지 않았을 것이라는 점이다. 그 결과 별다른 검토 없이 성분 A를 선택했을지도 모른다.

즉, 스스로 '최적의 발모 성분을 결정하는 전문가'가 되어야 한다. 그래서 나는 전문가에게 의견을 듣기 전에 반드시 사전조사를 하기로 마음먹었다. 인터넷에서 두어 시간만 검색해도 대강의 개념은 충분히 파악할 수 있다.

'전문가가 한 말이니 틀림없다'라는 생각은 매우 위험하다. 이런 착각이나 판단 실수를 막기 위해서는 그 전문가의 전문 분야가 어디까지인지, 또 어떤 기준으로 성분의 우열을 평가하는지 미리 알아두어야 한다. 사전에 조사를 해두면 이 부분을 더 명확하게 구분할 수 있다.

또한 자신이 익숙하지 않은 분야일수록 '후광효과(Halo Effect)'에 빠지기 쉽다. 후광효과란 어떤 한 분야의 전문가가 다른 분야에도 정통할 것이라 느끼는 현상이다. 하지만 사전조사를 해두면 이런 잘못된 신뢰를 예방할 수 있다.

실제로 전문 분야는 생각보다 범위가 좁고, 자기 사업을 성공으로 이끄는 전문가는 바로 나 자신이다. 전문가의 말을 무작정 따르는 것은 책임 회피나 다름없다. 전문가의 의견을 참고하여 자신의 책임과 판단하에 결정하는 것이 진정한 프로의 자세다.

12

경쟁사의 마케팅을 낱낱이 파헤치기

지금까지 소개한 방법으로 타깃 유저의 인사이트가 어느 정도 보이기 시작했다면, 다음 단계에서는 제품의 타깃 유저가 어떤 검색엔진에서 '어떤 키워드'를 검색하는지 생각해 봐야 한다.

실제로 분석해 보면 제품의 카테고리를 직접 입력하기도 하지만, 어떤 고민의 해결 방법이나 문제의 원인을 검색하는 사람도 많다는 것을 알 수 있다.

만약 이런 소비자에게 자사 제품을 알리고 싶다면 그들이 입력할 것으로 예상되는 검색 키워드에서 어떤 경쟁사의 광고가 표시되는지 확인해야 한다. 그리고 경쟁사 제품과 자사 제품의 차이점도 함께 분석할 필요가 있다. 앞서 이야기했듯이 제품의 주요 어필 요소는 무엇이며, 그 요소에 맞춰 경쟁사들이 어떤 광고를 하고 있는지까지 꼼꼼히 살펴봐야 한다.

이때 검색 키워드는 단순히 기계적으로 추출하는 수준에 그쳐서는 안 된다. 예를 들어 올리고당이 함유된 건강식품을 판매한다고 생각해 보자. '올리고당'을 검색한 사람들은 그 밖에 어떤 단어를 함께 검색할까? 키워드 분석 도구를 이용하면 '올리고당 성분', '올리고당 추출 방법' 등의 수많은 키워드를 얻을 수 있다.

하지만 이는 어디까지나 제품을 중심으로 한 키워드일 뿐이다. 우리는 '소비자 중심'의 관점에서 키워드를 생각할 필요가 있다.

예를 들어 올리고당은 '변비'에 효과가 있다. 이 사실을 바탕으로, 변비로 고민하는 소비자가 어떤 키워드를 검색할지 나이, 성별, 생애 이벤트 등의 다양한 요소에 따라 생각해 보자.

여성은 임신했을 때 변비에 걸리기 쉽다. 그래서 임신한 여성은 '임신 변비'라는 키워드로 정보를 찾게 된다. 한편, 임신한 여성은 변비약 등의 약품 사용을 꺼린다. 유산할 위험이 있기 때문이다. 따라서 올리고당처럼 자연스럽게 장 건강을 개선할 수 있는 제품을 제안하면 구매로 이어질 가능성이 높다. 이런 식으로 '임신 변비'라는 키워드를 검색한 소비자가 이 제품의 타깃이라고 판단하는 것이다.

그러나 '올리고당'이라는 제품 중심의 키워드만 가지고 접근하면 '임신'이라는 키워드가 쉽게 떠오르지 않는다. 제품 중심의 키워드로 추출할 수 있는 것은 이미 올리고당에 관심이 있고, 구매 직전 단계에 있는 사람들뿐이기 때문이다. 이렇게 되면 더 넓은 범위의 잠재고객층을 놓치게 된다.

지금까지의 설명을 통해 소비자 중심으로 키워드를 설정하고 검색하는 것이 얼마나 중요한지 알게 되었을 것이다.

또 다른 예를 살펴보자. '임신 변비'라는 키워드로 검색해 보면, 변비 해소를 위한 마사지법 관련 서적이나 영상 콘텐츠가 많이 뜬다. 이처럼 소비자의 관점에서 검색하면 올리고당이 마사지법을 다룬 책이나 영상 콘텐츠와도 경쟁 관계에 있다는 사실을 깨닫게 된다. 이렇듯 경쟁사를 분석할 때는 제품 중심으로만 바라보는 것이 아니라 반드시 소비자 중심으로도 경쟁 구도를 이해해야 한다.

소비자 중심으로 경쟁환경을 분석하는 데 좋은 힌트가 되는 개념이 바로 미국의 경영학자 마이클 포터(Michael Porter)가 제시한 '5가지 경쟁 요인(5 Forces Model)'이다. 마이클 포터는 사업에 영향을 미치는 5가지 요소로 기존 경쟁사뿐만 아니라 공급자, 구매자, 신규 진입자, 대체재 판매자를 꼽았다.

이 개념을 적용하면 올리고당은 변비약의 대체재로 볼 수 있다. 실제로 올리고당 외에 이와 비슷한 대체 제품을 파는 회사도 매우 많고, 완전히 새로운 업체가 나타날 가능성도 있다.

이처럼 경쟁환경은 끊임없이 변화하기 때문에 광고를 처음 만들 때뿐만 아니라 주기적으로 시장 상황을 점검하는 작업이 꼭 필요하다.

13

'사지 않는다는 선택지'를 제거하라

앞서 살펴보았듯이 반드시 '비슷한 상품'끼리만 경쟁하는 것은 아니다. 세상에는 '상품이 아닌 경쟁 대상'도 얼마든지 있다.

예를 들어, 30세의 젊은 사람이 스마트폰 통신사를 바꾸려 한다면 대형 통신사를 비롯한 저가 통신사들이 경쟁 상대가 된다. 그런데 만약 80세 할아버지에게 안전을 위해 스마트폰을 권하는 상황이라면 어떨까? **통신사는 다른 회사가 아니라 스마트폰이 필요 없다는 '할아버지의 마음'과 경쟁해야 한다.**

할아버지는 이렇게 생각하고 있을지도 모른다. '복잡한 새 휴대전화 없이도 지금껏 잘 살아왔고, 앞으로 얼마나 더 살지도 모르는데 굳이 번거로운 기계를 쓰고 싶지 않다. 아들은 안전을 이유로 자꾸 강요하지만, 어떻게든 피하고 싶다.'

이런 사람에게는 A사가 다른 통신사보다 좋은 이유를 설명해 봤자 아무 소용이 없다. 할아버지의 머릿속 경쟁 구도는 'A사냐, B사냐, C사냐'가 아니라 '스마트폰을 쓰느냐 쓰지 않느냐'이기 때문이다. 따라서 스마트폰을 갖지 않겠다는 선택지를 제거하거나 가지고 싶다는 마음이 들게 만들어야 한다.

그렇다면 가장 먼저 이 할아버지에게 어떤 메시지를 전달해야 할까?

그것은 바로 "A사는 저렴합니다"가 아니라, "스마트폰이 있으면 매일 손주와 얼굴을 보면서 이야기할 수 있어요"라는 메시지다.

14

'4단계 광고 카피'로 경쟁 상대를 제거하는 방법

앞서 타깃 유저에 따라 경쟁 상대가 달라지며, 그에 따라 전달해야 할 메시지가 달라진다고 설명했다.

그렇다면 경쟁 상대는 어떻게 찾아낼 수 있을까? 내가 사용하는 방법은 바로 '4단계 광고 카피'다. 이 방법의 핵심은 '경쟁 상대'를 '선택지'로 보는 것이다. 먼저 타깃 유저를 정한 뒤, 4단계로 나누어 점차 선택지를 좁혀 나가는 식이다.

집에서 간편하게 관리할 수 있는 발모제를 예로 들어 생각해 보자. 타깃은 '최근 머리숱이 없어져 대책을 찾고 있는 30대 남성'으로, 4단계의 첫 번째 선택지는 다음과 같이 설정할 수 있다.

【1단계: 대분류 선택지】

선택지 ① 병원이나 전문 클리닉에 다니기

선택지 ② 집에서 관리하기

이 단계에서 '집에서 관리하기'를 선택하도록 유도하려면, 병원이나 클리닉에 다니는 것의 단점, 혹은 자택 관리의 장점, 또는 이 2가지를 모두 강조해야 한다.

예컨대 다음과 같은 메시지를 설정할 수 있다.

【1단계: 대분류 선택지】

선택지 ① 병원이나 전문 클리닉에 다니기

[단점] 다니는 게 번거롭고, 이것저것 비싼 서비스를 권유받을 것 같아 불안하다.

선택지 ② 집에서 관리하기

[장점] 일상생활 속에서 간편하게 관리할 수 있고, 마음에 안 들면 언제든지 중단할 수 있다.

이렇게 1단계 대분류에서 타깃이 '집에서 관리하기'를 선택했다고 가정해 보자. 다음은 2단계 중분류로 넘어간다. 이때 주의할 점은 처음부터 4단계 선택지를 모두 설정하지 않고, 앞 단계에서 선택된 항목을 바탕으로 다음 단계의 선택지를 고려해야 한다는 것이다.

예를 들어 1단계에서 '집에서 관리하기'가 선택되었다면, 2단계에서는 영양보충제나 발모제와 같은 더 구체적인 선택지가 등장하게 된다.

【2단계: 중분류 선택지】

선택지 ① 영양보충제

선택지 ② 발모제

우리는 발모제를 판매하는 것이 목적이므로, 이 단계에서는 영양보충제라는 선택지를 제거해야 한다.

예를 들면 다음과 같은 식으로 메시지를 구성할 수 있다.

【2단계: 중분류 선택지】

선택지 ① 영양보충제

[단점] 입으로 섭취한 영양보충제는 위에서 소화되어 혈관을 타고 온몸으로 퍼지기 때문에 꼭 원하는 부위에 성분이 도달한다는 보장이 없다. 두피가 아닌 엉뚱한 부위에 작용하여 털이 많아지거나 굵어질 수 있다.

선택지 ② 발모제

[장점] 고민 부위에 직접 바르기 때문에 유효성분이 필요한 곳에 바로 도달한다.

추천하고 싶은 쪽의 장점과 제거하고 싶은 쪽의 단점을 동시에 제시하는 것이 가장 이상적이다. 만약 둘 다 모두 떠오르지 않을 때는 단점만으로 소거 선택을 유도하거나, 장점만 적극적으로 강조하여 선택을 유도해도 좋다.

이렇게 해서 영양보충제라는 선택지를 제거하는 데 성공했다면 3단계로 넘어간다.

【3단계: 소분류 선택지】

선택지 ① 끈적한 액상 타입

선택지 ② 산뜻한 액상 타입

이 단계에서 경쟁사의 제품을 하나하나 열거하면 오히려 고객이 혼란에 빠질 수 있다. 따라서 '액상의 질감'을 기준으로 선택지를 크게 둘로 나누어, 자사 제품과 다른 타입의 제품군을 한꺼번에 제거하는 전략을 쓴다.

예를 들어, 자사 제품이 산뜻한 타입이라면 다음과 같이 메시지를 구성할 수 있다.

【3단계: 소분류 선택지】

선택지 ① 끈적한 액상 타입

[단점] 드라이 후에 사용하면 머리카락이 뭉치기 쉽다. 그 결과 두피가 더 도드라지게 되고, 오히려 머리숱이 적어 보일 수 있다.

선택지 ② 산뜻한 액상 타입

[장점] 발라도 머리 모양에 영향을 주지 않는다.

반대로 자사 제품이 끈적이는 타입이라면 다음과 같이 강조할 수 있다.

【3단계: 소분류 선택지】

선택지 ① 끈적한 액상 타입

[장점] 점성이 있어 두피에 밀착되기 때문에 유효성분을 충분히 흡수시킬 수 있다.

선택지 ② 산뜻한 액상 타입

[단점] 점성이 없고 가벼워서 성분이 흡수되기 전에 이마나 목으로 흘러내릴 수 있다.

이런 식으로 경쟁 제품을 하나하나 따로 비교하는 대신, 질감의 차이를 기준으로 한 번에 경쟁 선택지를 정리하는 것이다. 여기까지 오면 경쟁 제품의 상당수를 제거한 상태에서 최종 비교 단계로 넘어갈 수 있다.

이때 경쟁 제품을 지나치게 자세히 언급하면 상대방을 비방하는 것처럼 보일 수 있다. 또한 화장품이나 의약외품 등은 제

그림4 4단계 광고 카피

	선택지 ①	선택지 ②		
1단계 대분류 선택지	병원이나 전문 클리닉에 다니기 ✕	집에서 관리하기 ○		
2단계 중분류 선택지	영양 보충제 ✕	발모제 ○		
3단계 소분류 선택지	끈적한 액상 타입 ✕	산뜻한 액상 타입 ○		
4단계 세부 선택지	자사 제품 ○	경쟁사 제품 A ✕	경쟁사 제품 B ✕	경쟁사 제품 C ✕

도상 타사 제품과 효과를 비교하는 행위가 금지되어 있으므로, 3단계까지 오는 과정에서 최대한 선택지를 좁혀두어야 한다.

이렇게 하면 마지막 4단계의 세부 선택지에서는 소수의 제품만 남게 된다. 물론 가장 이상적인 상태는 선택지에 자사 제품 하나만이 남는 것이다.

【4단계: 세부 선택지】

선택지 ① 자사 제품 → [장점 & 단점]

선택지 ② 경쟁사 제품 A → [장점 & 단점]

선택지 ③ 경쟁사 제품 B → [장점 & 단점]

선택지 ④ 경쟁사 제품 C → [장점 & 단점]

지금까지 살펴본 내용을 모두 정리하면, **그림4**와 같은 형태가 된다.

이렇게 단계별로 경쟁 선택지를 하나씩 제거해 나가는 과정을 거치면, 다음과 같은 광고 카피를 완성할 수 있다.

광고 카피 예문

탈모 때문에 고민 중이신가요?

탈모 대책은 효과를 보기까지 시간이 걸리고 꾸준한 관리가 필요하다는 건 이미 알고 계실 겁니다. 그렇다고 매번 병원이나 클리닉에 다니는 건 부담스럽지 않나요? **→ 1단계 선택지 제거**

집에서 편하게 관리할 수 있다면 제일 좋을 텐데요. 만약 집에서 관리한다고 했을 때, 영양보충제와 발모제 중 어느 쪽이 더 효과적일지 궁금하실 겁니다.

물론 2가지를 병행하면 더 좋겠지만, 하나만 고른다면 발모제를 추천합니다. 영양보충제는 위에서 소화되어 혈관을 따라 온몸에 퍼지기 때문에, 성분이 두피에 도달하지 않을 수 있습니다. 오히려 엉뚱한 부위에 작용해 털이 굵어지기도 하죠. **→ 2단계 선택지 제거**

그에 비해 발모제는 두피에 직접 바르기 때문에, 필요한 곳에 유효 성분을 바로 전달할 수 있습니다.

그런데 발모제도 종류가 워낙 많아서 어떤 제품을 골라야 할지 고민되실 텐데요. 이럴 때는 제형이 가볍고 산뜻한 타입을 선택하는 것이 좋습니다. 끈적한 제형은 드라이 후에 사용했을 때 머리카락이 서로 뭉치고, 두피가 도드라져 머리숱이 더 적어 보일 수 있거든요. **→ 3단계 선택지 제거**

그렇기 때문에 바른 후에도 머리 모양에 영향을 주지 않는 산뜻한 액상 타입을 추천합니다.

여기까지 오면서 다양한 경쟁 제품과 선택지를 제거했고, '산뜻한 액상 타입의 발모제'라는 선택지만 남게 되었다. 마지막에는 그중에서도 왜 자사 제품이 특히 우수한지를 강조하면 된다.

3장 '누구에게' 전달할 것인가

'누구에게(어떤 대상에게)'×'무엇을(어떤 내용을)'×'어떻게(어떤 방식으로)' 전달할 것인가.

3장에서는 이 3가지 중 첫 번째인 '누구에게', 즉 '타깃 유저'에 대해 알아본다. 타깃 유저를 얼마나 깊이 있게 이해하느냐에 따라, 다음 단계에서 전달할 메시지의 정확도가 크게 달라진다.

타깃 설정은 '소비자 중심'과 '제품 중심' 양쪽 관점에서 접근하는 것이 중요하다. 페르소나를 설정하는 과정에서 흔히 하기 쉬운 오해를 짚어보고, 올바른 설정 방법에 대해서도 함께 알아보자.

15

막대한 광고비의 이면

'누구에게' 전달할 것인가. 타깃 설정에 관해 설명하기 전에 꼭 알아두었으면 하는 이야기가 있다.

- 파친코
- 소비자금융
- 초과이자 반환청구 서비스
- 모바일게임
- 저가 스마트폰

이들에는 공통점이 있다. 일본에서 TV를 중심으로 수많은 광고를 내보내던 업계 혹은 기업이라는 점이다. **사실 이들 업계의 타깃은 모두 같다.** 순서대로 하나씩 살펴보자.

파친코는 '한탕 심리'가 강한 사람이 무심코 돈을 써버리게 되는 도박성 오락이다. 한 번이라도 대박을 경험한 사람은 그 쾌감을 다시 맛보기 위해 계속 돈을 쓰게 되고, 의존성이 강한 이용자는 재산을 탕진할 정도로 빠져든다. 파친코는 수익이 큰 사업이기 때문에, 그만큼 많은 광고를 낼 수 있다.

그렇다면 파친코에 빠져 과소비를 한 사람들은 어떻게 될까? 돈이 부족해지면 소비자금융을 찾게 된다. 과거 소비자금융은 고금리였고 꽤 수익성이 높은 비즈니스였다. 따라서 이들 역시 대대적인 광고 공세를 펼칠 수 있었다.

하지만 2010년, 개정된 이자제한법이 시행되면서 새로운 비즈니스가 등장했다. 바로 변호사 사무소가 소비자금융 업체로부터 돈을 되찾아 주는 '초과이자 반환청구 서비스'다. 이 비즈니스의 타깃은 앞서 말한 소비자금융 이용자들이다. 초과이자 반환청구는 소비자금융의 수익을 빼앗는 구조였기 때문에 수익성이 매우 높았고, 그만큼 광고에도 큰 비용을 투자할 수 있었다. 하지만 반환청구에는 법적으로 시효가 존재하기 때문에, 시간이 지남에 따라 시장 규모가 축소되었고 광고도 점차 줄어들게 되었다.

그때, 이 사람들을 새로운 방식으로 공략하기 시작한 것이 바로 '모바일게임'이다. 모바일게임에는 '가챠', 즉 무작위 뽑기 시스템이라는 요소가 있다. 이는 파친코와 마찬가지로 이용자의 한탕 심리나 중독성을 자극하는 장치다. 손안에서 파친코와 비슷한 흥분을 느낄 수 있고, 연령 제한도 없는 모바일게임은 예상대로 큰 인기를 끌었다. 그리고 모바일게임은 100명이 하든 10만 명이 하든 원가에 큰 차이가 없어 한번 대박이 나면 어마어마한 수익을 낼 수 있다. 그러니 광고에도 아낌없이 투자할 수 있는 것이다.

모바일게임에 빠진 사용자들은 유료 결제로 인해 돈이 부족해지지만, 스마트폰만큼은 절대 놓지 않는다. 이들을 겨냥한 것이 바로 '저가 스마트폰'이다.

통신사업은 정부 허가가 필요해서 진입장벽이 매우 높은 대신, 한번 사용자를 확보하면 장기적으로 큰 수익이 보장된다. 따라서 이들 역시 대규모 광고를 진행할 수 있다.

이처럼 광고를 대량으로 집행하는 기업이나 업계는 사실상 '같은 사람들'을 노리고 있다고 할 수 있다.

여기서 말하는 '같은 사람들'이란, 한탕 심리가 강하고 무심코 과소비하는 경향이 있는 사람들이다. 물론 모든 파친코 애호가, 소비자금융과 초과이자 반환청구 서비스 이용자, 게임 유저, 저가 스마트폰 사용자가 그렇다는 것은 아니다. 하지만 상대적으로 그런 성향이 강한 것은 사실이다.

이 사실을 통해 알 수 있는 것은, **B2C(기업 대 소비자) 시장에서 빠르게 성장하며 대규모 광고를 진행하는 업종 대부분이 한탕 심리를 자극하거나 그와 관련된 연계 비즈니스라는 점이다.**

실제로 TV 광고를 대규모로 진행해 온 업종들을 살펴보면 다음과 같다.

【한탕 심리를 자극하는 비즈니스】

- JRA(일본중앙경마회)
- 보트 레이스
- 파친코
- 복권
- 암호화폐(가상자산)

【연계 비즈니스】

- 소비자금융
- 초과이자 반환청구 서비스
- 저가 스마트폰

B2C 비즈니스가 주목해야 할 대상은 '돈이 있는 사람'이 아니라 '돈을 쓰는 사람'이다. 돈이 있어도 쓰지 않는 사람보다는 돈이 없으면 빌려서라도 소비하는 사람을 겨냥하는 편이 매출을 올리는 데 훨씬 유리하다. 그 대표적인 예가 바로 앞서 살펴본 '한탕 심리 비즈니스'다. 경제 활성화를 위한 돌파구로서 카지노를 중심으로 한 통합형 리조트(IR, Integrated Resort)에 기대가 모이고 있는 것도 비슷한 맥락이다. 그만큼 한탕 심리를 자극하는 비즈니스에는 강력한 경제 효과가 있지만, '중독'이라는 어두운 측면도 함께 가지고 있다.

마케팅은 사용하기에 따라 누군가의 인생을 무너뜨릴 수도 있다. 소비자이자 경제활동을 하는 사람으로서 그 점을 꼭 잊지 말아야 한다.

16

소비자 니즈의 9단계 분류

여기서는 타깃을 어떻게 설정할 것인가에 대한 구체적인 방법을 알아본다. 그중 하나는 소비자의 '니즈(Needs)'를 기준으로 하여, 그 니즈의 강도를 단계별로 나누는 방식이다. 니즈의 강도란 '불편의 강도'라고 할 수 있다. **소비자의 고민이나 불편이 클수록 그만큼 강한 해결 욕구가 있다고 보는 것이다.**

이처럼 소비자의 고민이나 문제의식을 출발점으로 삼기 위해, 소비자의 상황을 다음과 같이 9단계로 분류한다.

① 대책의 필요성을 인식하지 못하고 있다.

② 대책의 필요성은 느끼지만, 일시적인 문제로 생각하고 있다.

③ 대책의 필요성을 자각하고 있으며 지속적인 문제라고 생각하지만, 아무런 행동을 하지 않고 있다.

④ 다양한 대책을 검토하기 시작했다.

⑤ 여러 대책을 비교하면서 다양한 정보를 수집했다.

⑥ 실제로 어떤 대책을 실행하고 있다.

⑦ 마음에 드는 상품이 있으며 만족하고 있다.

⑧ 마음에 드는 상품은 있지만, 더 나은 대안을 찾고 있다.

⑨ 여러 대책을 시도했지만, 결국 만족할 만한 것을 찾지 못했다.

예시로 남성형 탈모증(AGA)을 대입해 보고, 소비자의 상태와 그에 맞는 메시지 전략을 생각해 보자.

① 대책의 필요성을 인식하지 못하고 있다.

⇨ 자신은 아직 탈모가 아니라고 생각한다.

30대 남성의 80%가 이미 '숨은 탈모' 진행 중?

그냥 두면 돌이킬 수 없을지도 모릅니다.

⇨ 대책의 필요성을 느끼지 못하고 있으므로 위기감을 자극한다.

② 대책의 필요성은 느끼지만, 일시적인 문제로 생각하고 있다.

⇨ 최근 머리카락이 가늘어지고 빠지는 양도 늘었으며 원형탈모까지 생겼지만, 일시적인 증상이라 생각하고 있다.

알고 계셨나요? 원형탈모의 약 30%는 만성 탈모로 이어집니다.

⇨ '일시적인 것'이라는 자기 위안을 부정한다.

③ 대책의 필요성을 자각하고 있으며 지속적인 문제라고 생각하지만, 아무런 행동을 하지 않고 있다.

⇨ 탈모가 시작된 것을 알고 있지만, 인정하고 싶지 않아 방치하고 있다.

당신의 탈모, 대책을 세우려면 올해가 마지막 기회일지도 모릅니다.

⇨ 지금이 마지막 기회라는 메시지로 위기감을 높이고 행동을 촉구한다.

④ 다양한 대책을 검토하기 시작했다.

⇨ 탈모가 신경 쓰이기 시작하여 AGA 관련 광고를 눈여겨보게 된다. 스마트폰으로도 자주 검색하다 보니, 관련 광고가 자꾸 노출되기 시작했다.

이 광고, 또 무시할 건가요?

⇨ 이미 여러 번 광고를 본 상태임을 전제로 하여 더 이상 외면하지 말라는 메시지를 전달한다.

⑤ 여러 대책을 비교하면서 다양한 정보를 수집했다.

⇨ AGA 치료에 관한 사이트를 여러 군데 살펴보았고 책까지 사서 읽었다. 웹페이지의 부실한 내용도 간파할 수 있을 만큼 정보에 익숙해졌다.

근본적인 해결은 의학적 AGA 치료로 시작해 보세요.

⇨ 수많은 정보를 접한 뒤에 볼 메시지라는 점을 고려하여, 차별화된 해결책이라는 점을 강조한다.

⑥ 실제로 어떤 대책을 실행하고 있다.

⇨ 유명 클리닉에서 초기 치료를 시작했고, 시험 삼아 의약품도 복용했다.

지금 선택한 그 치료법, 자신 있게 '정답'이라고 말할 수 있나요?

⇨ 초기 실행 단계는 정보에 가장 열린 상태이자 다른 방법에 흔들리기 쉬우므로, 다른 대안도 고려해 보도록 유도한다.

⑦ 마음에 드는 상품이 있으며 만족하고 있다.

⇨ 현재 이용 중인 대형 클리닉의 AGA 치료에 만족하고 있다.

더 나은 AGA 치료법을 알고 싶지 않다면, 이 광고는 보지 마세요.

⇨ 고전적인 도발형 광고 문구로 호기심을 자극한다.

⑧ 마음에 드는 상품은 있지만, 더 나은 대안을 찾고 있다.

⇨ 대형 클리닉의 AGA 치료에 만족하지만, 더 나은 방법이 없을지 정보를 찾아보고 있다.

예상을 뒤엎은 차세대 AGA 치료에 30대 남성이 주목한 이유는?

⇨ 뉴스 형식으로 지적 호기심이 높은 소비자에게 어필한다.

⑨ 여러 대책을 시도했지만, 결국 만족할 만한 것을 찾지 못했다.

⇨ 의약품, 유명 클리닉, 건강식품 등 다양한 방법을 시도했지만, 여전히 탈모는 진행 중이고 만족스럽지 않다.

NASA 공동 개발. 뉴본 DNA가 탈모 치료의 판도를 바꾸다.

⇨ 혁신적인 신기술이라는 점을 강조하여 기존 대책에 대한 불신을 희망으로 전환한다.

이처럼 소비자가 어떤 단계에 있는가에 따라 제품의 '무엇'을 강조해야 하는지도 크게 달라진다. 광고 메시지를 설계할 때는 소비자가 놓인 상황뿐만 아니라 그들이 언제, 어떤 매체를 통해 광고를 접하는지도 함께 고려해야 한다.

17

제품을 기준으로 한 10단계 분류

앞서 '니즈의 강도'를 9단계로 나누는 법을 살펴보았다. 이번에는 제품과의 거리감을 기준으로 한 10단계 분류법을 알아보자. 생수처럼 어느 걸 골라도 큰 차이가 없는 제품이나 취향에 따라 선택이 달라지는 제품이라면 이 방식이 더 잘 맞을 수 있다.

① 해당 제품군 자체를 모른다.

② 알고는 있지만, 별다른 관심이 없으며 써본 적도 없다.

③ 알고는 있지만, 쓰고 싶지 않다.

④ 언젠가 써보고 싶지만, 아직 써본 적은 없다.

⑤ 과거에는 썼지만, 지금은 쓰지 않는다(다시 쓸 수도 있다).

⑥ 과거에는 썼지만, 현재는 사용하고 있지 않으며 앞으로도 쓸 생각이 없다.

⑦ 현재 사용하고 있지만, 더 좋은 제품이 있다면 바꿀 생각이 있다.

⑧ 현재 사용하고 있지만, 특별히 좋지도 나쁘지도 않아서 당장 바꿀 생각은 없다.

⑨ 현재 사용하고 있으며 만족하기 때문에 바꿀 생각이 없다.

⑩ 해당 제품군 자체를 좋아해서 여러 제품을 사용해 보고 싶다.

소비자가 이 중 어느 단계에 있느냐에 따라 전달할 메시지도 달라진다. 예를 들어 LED 전구의 광고 메시지를 생각해 보면 다음과 같다.

① 해당 제품군 자체를 모른다.

⇨ 이런 제품이 있다는 것을 알려주는 단순한 메시지

알고 계셨나요? LED 전구를 사용하면 전기 요금을 최대 80% 절약할 수 있어요!

⇨ 제품의 이점을 명확히 제시하여 흥미와 관심을 끈다.

② 알고는 있지만, 별다른 관심이 없으며 써본 적도 없다.

⇨ 다양한 활용 장면을 제안하는 메시지

올해 크리스마스 장식은 LED 전구로 지갑도 환경도 생각하세요!

⇨ 전력 소비가 많은 크리스마스 조명을 예시로 들어 경제성을 강조한다.

③ 알고는 있지만, 쓰고 싶지 않다.

⇨ 소비자의 대표적인 불안이나 불만을 덜어주는 메시지

포근한 색상이 가득! 식탁에도 잘 어울리는 LED 전구

⇨ LED 전구는 푸르스름하고 차가운 빛이라는 고정관념을 깬다.

④ 언젠가 써보고 싶지만, 아직 써본 적은 없다.

⇨ 이미 모두가 쓰고 있다는 사실을 강조하는 메시지

이미 식탁 조명의 85%가 LED 전구로 바뀌었습니다!

⇨ 구체적인 수치를 제시하여 뒤처지기 싫은 마음을 자극한다.

⑤ 과거에는 썼지만, 지금은 쓰지 않는다(다시 쓸 수도 있다).

⇨ 이전 사용 시 느꼈던 불만이 해결되었음을 알려주는 메시지

풍성한 컬러 라인업! 따뜻하고 편안한 발색의 LED!

⇨ 기존 LED 조명의 차갑고 푸른빛을 불편하게 느꼈던 소비자층을 공략한다.

⑥ 과거에는 썼지만, 현재는 사용하고 있지 않으며 앞으로도 쓸 생각이 없다.

⇨ 사용하지 않는 동안 발전하여 훨씬 편리해졌다는 점을 전달하는 메시지

인체 감지 센서 탑재 LED 전구로 낭비되는 전기 요금을 95% 절감!

⇨ 전기 요금에 민감한 소비자에게 새롭게 추가된 절전 기능을 강조한다.

⑦ 현재 사용하고 있지만, 더 좋은 제품이 있다면 바꿀 생각이 있다.

⇨ 신제품의 가치가 매우 뛰어나다는 것을 나타내는 메시지

새로운 LED 전구의 전력 소비는 절반, 수명은 2배!

⇨ 지금 바꾸는 것이 이득임을 강조한다.

⑧ 현재 사용하고 있지만, 특별히 좋지도 나쁘지도 않아서 당장 바꿀 생각은 없다.

⇨ '한번 바꿔볼까?' '시험 삼아 써볼까?' 하는 마음을 유도하는 메시지

새로운 LED 전구는 소비전력이 절반! 바꾸는 순간 오늘부터 절

약 가능!

⇨ 바꾸는 즉시 혜택을 얻게 된다는 점을 전달한다.

⑨ 현재 사용하고 있으며 만족하기 때문에 바꿀 생각이 없다.

⇨ 더 좋은 제품이 나왔고, 바꾸지 않으면 손해라는 내용을 전달하는 메시지

새로운 LED 전구로 바꾸면 오늘부터 바로 전기 요금을 절약할 수 있습니다.

⇨ 기존 제품에 만족하고 있더라도 바꾸면 더 좋은 혜택이 있음을 강조한다.

⑩ 해당 제품군 자체를 좋아해서 여러 제품을 사용해 보고 싶다.

⇨ '혹시 이것도 써보셨나요?'라는 식의 질문으로 관심을 유도하는 메시지

100가지 색으로 변하는 LED 전구, 경험해 보셨나요?

⇨ 지금까지 본 적 없는 흥미로운 제품으로 호기심을 자극한다.

어떤가? 이처럼 제품을 중심으로 상황별로 다양한 메시지를 만들 수 있다.

18

페르소나 설정에 관한 오해

광고의 타깃을 더 명확하게 이해하고자 할 때 자주 쓰는 방법이 바로 '페르소나 설정'이다.

페르소나는 자사 제품이나 서비스의 타깃을 대표하는 가상의 인물 프로필이다. 페르소나 설정이란 가상의 인물을 1명 설정하여 나이, 성별, 가족 구성, 거주지 등의 프로필을 구체적으로 정리하는 작업을 말한다.

그러나 이 페르소나 설정을 잘못 활용하면 오히려 자기 발목을 잡는 결과가 될 수도 있다. 실제로도 이런 사례를 종종 목격하게 된다.

어떤 제품의 타깃을 다음과 같이 설정했다고 가정해 보자.

【A씨】

- 여성
- 35세
- 기혼
- T시 근무
- S시 외곽 단독주택 거주

- 남편은 38세
- 초등학교 2학년 딸이 1명 있음
- 3년 전부터 요가에 빠져 있음
- 반년 전부터 눈가 주름이 신경 쓰이기 시작함

이 페르소나를 바탕으로 '주름 개선 화장품'의 마케팅 전략을 세운다면 어떻게 될까? 타깃이 지나치게 좁아진 탓에 반응하는 소비자가 극단적으로 줄어드는 결과를 낳게 된다.

주름으로 고민하는 사람은 매우 다양하다. 30대부터 80대까지 연령층도 넓고, 직장인도 있고 무직자도 있다. 도시에 사는 사람도 있고 지방에 사는 사람도 있으며, 자녀가 있는 사람과 없는 사람, 자녀가 있더라도 이미 독립해서 떨어져 지내는 경우까지 상황이 모두 제각각이다.

주름 개선 화장품을 찾는 고객 대부분은 앞서 예시로 든 페르소나와 겹치는 조건이 극히 일부에 불과하며, 공통점은 오로지 '주름 고민'뿐이다. 위 페르소나의 모든 조건을 완벽히 충족하는 사람은 거의 없을뿐더러, 설령 있다고 해도 그 사람들만으로 시장을 형성하기에는 무리가 있다. '주름 고민' 외에 다른 조건이 늘어날수록 그 페르소나에 공감하는 사람의 수는 급격히 줄어드는 것이다.

프로덕트(상품)의 페르소나는 USP(제품이나 서비스 고유의 강점)

나 베네핏(제품을 통해 얻는 이점)**을 기준으로 하여 최대공약수적으로 설정해야 하며, 이 경우에는 '주름 고민이 있는 사람'을 출발점으로 삼아야 한다.**

먼저 타깃이 소비자 니즈의 9단계 분류 중 어디에 위치하는지부터 파악해야 한다. 여기에 더해, 예를 들어 '동창회나 또래 친구와의 만남을 계기로 나이를 의식하게 되면서 주름이 신경 쓰이기 시작했다'라든지, '최근 쓰던 에센스가 다 떨어져서 새 제품을 찾고 있다'와 같은 약간의 상황 정보를 곁들인다.

적어도 주름 개선 화장품의 페르소나를 설정할 때 자녀의 유무나 거주 지역 등의 정보는 전혀 중요하지 않다. 제품의 USP나 베네핏과 상관없는 페르소나 설정은 오히려 소비자의 공감을 얻기 어렵게 하고, 시장이 좁아지는 역효과를 부른다.

다만, 마케터로서 오해하지 말아야 할 점은 위에서 예로 든 상세한 페르소나가 '프로덕트용'이 아니라 '미디어용'이라는 사실이다.

일반적으로 미디어는 다양한 사람을 대상으로 여러 종류의 콘텐츠를 제공한다. 예를 들어, 어떤 미디어가 앞서 살펴본 A씨를 독자 페르소나로 설정했다고 가정해 보자.

이 페르소나를 활용해 특집 기사를 기획한다면, 남편이 38세, 아내가 35세라는 설정을 바탕으로 '3살 차이 부부 특집'이라는 콘텐츠를 만들 수 있다. 이 경우 S시에 거주하지 않거나 자녀가 없거나 전업주부라 하더라도 '나이 차이가 3살인 부부'라면 흥미롭게 읽을 가능성이 높다.

또 다른 특집으로 '현지인도 모르는 S시의 숨은 맛집'을 기획할 경우 S시에 거주하는 사람이라면 결혼 여부나 직업에 상관없이 독자층에 포함될 수 있다.

즉, 미디어는 페르소나의 조건 중 '하나라도' 해당하면 잠재고객이 된다. 따라서 조건이 많아질수록 대상층도 그만큼 넓어진다.

하지만 프로덕트의 경우, 설정한 페르소나의 조건을 '모두' 충족해야만 타깃으로 성립한다는 점에서 차이가 있다. 왜냐하면 **프로덕트는 페르소나의 조건이 많아질수록 타깃이 점점 좁아지기** 때문이다.

이것을 '검색'에 비유하면 더 이해하기 쉽다. 미디어에서 페르소나 조건을 여러 개 설정하면, 각 조건은 'OR 검색'으로 작동한다. 하나의 조건이라도 맞으면 대상에 포함되는 방식이다.

반면, 프로덕트에서 여러 페르소나 조건을 설정하면 각 조건은 'AND 검색'으로 작동하게 된다. 모든 조건을 만족하는 경우만 대상에 포함되는 것이다.

마케팅 이론은 대개 광고대행사의 관점에서 체계화된 경우가 많고, 광고대행사는 미디어와 프로덕트 양쪽 모두에 관여한다. 그러므로 프로덕트 마케터는 그 이론이 '미디어' 측 관점인지 '프로덕트' 측 관점인지를 혼동하지 않고 상황에 맞게 활용하는 것이 중요하다.

4장 '무엇을' 전달할 것인가

'누구에게'를 정했다면, 이제 그 대상에게 이 제품의 '무엇을' 전달할지 고민해야 한다. 광고의 핵심 메시지라고 생각하면 쉽다.

자동차를 예로 들면 다음과 같은 요소가 있다.

- 세련된 디자인
- 저렴한 가격
- 운전의 편리성
- 작은 크기에 비해 많은 수용 인원
- 자동 제어 기능에 의한 안전성
- 뛰어난 가속 성능

이 중에서 어떤 내용을 핵심 메시지로 삼을지 정하는 작업이 바로 '무엇을'에 해당한다.

실제 점포에서는 딱히 특별하지 않은 요소를 핵심 메시지로 내세우곤 한다. 예를 들어, 역 주변의 인터넷카페를 보면 대게 '1시간 1,000원, 연중무휴 24시간 영업, 심야 요금 10,000원'과 같은 평범한 문구가 쓰여 있다. 인터넷카페는 점포의 위치가 중요한 비즈니스라서 그렇다.

반면에 클릭 한 번으로 다른 사이트로 넘어갈 수 있는 웹상에서는 USP가 핵심 메시지가 아니면 의미가 없다.

19

USP에서
핵심 메시지를 도출하라

앞서 여러 차례 등장한 USP는 'Unique Selling Proposition'의 약자로, 제품이나 서비스가 가진 고유의 강점을 말한다. USP는 크게 4가지 유형으로 나눌 수 있다.

① 다른 상품에는 없는 혜택, 또는 지금까지 없던 새로운 혜택

② 경쟁 상품보다 더 뛰어난 혜택

③ 실적이나 권위 등의 부가적인 가치

④ 금전적 이득이나 합리성

같은 상품이라도 어느 USP를 중심에 둘지는 출시 시점, 시장의 경쟁상태, 판매 전략에 따라 다르다. **상품의 품질에 기반한 USP**에서 핵심 메시지를 도출한 예로는 다음과 같은 것이 있다.

① 다른 상품에는 없는 혜택, 또는 지금까지 없던 새로운 혜택

- 팔뚝의 모공각화증을 개선한다. (고바야시 제약 '니노큐어 연고')
- 산들바람처럼 부드러운 바람이 나온다. (발뮤다 '그린팬 선풍기')

② 경쟁 상품보다 더 뛰어난 혜택

- 바르는 것보다 7.5배 깊이 침투하는 '찌르는 히알루론산' (기타노카이테키코보 '마이크로니들 패치')

상품의 부수적인 요소에 기반한 USP의 예시는 다음과 같다.

③ 실적이나 권위 등의 부가적인 가치

- 도쿄대생 2.5명 중 1명이 도신 수강생 (도신 하이스쿨)

④ 금전적 이득이나 합리성

• 수업료 첫 달 무료! 입회비 무료! (가정교사 트라이)

틈새시장(니치시장)에서 점유율 독점을 노리거나, 지금까지 유사 상품이 없던 개척형 시장(프런티어시장)에 진입할 때는 '① 다른 상품에는 없는 혜택, 또는 지금까지 없던 새로운 혜택'을 USP로 삼아야 한다. 새로운 수요를 만들어내고, 그 수요를 통째로 흡수하기 위해서다. 예컨대 아이폰이 처음 등장했을 때도 이런 유형의 USP를 핵심 메시지로 삼았다.

시장에 유사한 상품이 늘어나면 서서히 '② 경쟁 상품보다 더 뛰어난 혜택' 또는 '③ 실적이나 권위 등의 부가적인 가치'로 USP를 전환해 나가는 것이 효과적이다.

실제로 스마트폰 시장에 유사 제품들이 점차 늘어나자, 아이폰은 고성능 카메라를 핵심 메시지로 바꾸었다. 반면에 경쟁사 중에는 '세계에서 가장 많이 팔린 스마트폰'이라는 실적과 권위를 중심으로 내세우는 곳도 나타났다.

대중시장에서 일정 부분의 점유율을 확보해 매출을 올리는 것이 목적이라면, 처음부터 ②나 ③을 USP로 설정해야 한다.

'④ 금전적 이득이나 합리성'의 경우, 마케팅 부서와 관리회계 부서가 긴밀하게 협력하지 않으면 큰 손실로 이어질 수 있다. 실제로 어떤 동영상 서비스는 '첫 달 무료!'를 핵심 메시지로 하여 가입자가 폭발적으로 늘었지만, 대부분 무료 기간 종료 후 바로 해지하는 바람에 이익으로 연결되지 않았다고 한다.

이처럼 할인 등의 가격 인하 전략을 사용할 때는 조심해야 한다. 이와 같은 방식이 주문 건수 증가에는 도움이 되지만, 반드시 이익 증가로 이어지지는 않기 때문이다. 이 둘은 엄연히 다른 문제라는 점을 기억해야 한다.

마케터의 평가지표가 오로지 '주문 건수'뿐이라면 누구나 할인 전략에만 매달리게 될 것이다. 그러나 '④금전적 이득이나 합리성'을 USP로 삼는다는 것은, 다른 USP를 찾지 못했다는 뜻이기도 하다. 그러므로 ④는 최후의 수단으로 남겨두는 편이 좋다. 게다가 할인 전략은 경쟁사가 금방 따라 할 우려가 있어 근본적인 USP가 될 수 없다.

④를 진정한 USP로 만들기 위해서는 경쟁사의 추종을 불허할 만큼 압도적인 규모의 투자가 필요하다. 일례로, 과거 인터넷 서비스를 전개하던 Yahoo! BB는 원가 수만 원의 ADSL 모뎀을 도시 전역에 무료로 배포하고, 약 1조 원의 적자를 감수하며 시장을 장악했다.

USP란 세상에서 우리 상품만이 제공할 수 있는 '고유한 가치'를 말한다. 다른 회사가 쉽게 따라 할 수 있는 것은 진짜 USP가 아니다. 비즈니스란 결국 얼마나 '다른 곳에 없는 가치'를 세상에 제공할 수 있느냐가 핵심이다.

USP가 없는 비즈니스만큼 허무한 일도 없다.

20

성별에 따른 어필 포인트를 핵심 메시지로 연결하라

'누구에게'에서 설정한 타깃이 남성인지 여성인지에 따라 광고의 중심이 되는 핵심 메시지도 달라진다. 최근 젠더리스가 주요 흐름으로 자리 잡고 있지만, 여전히 남성과 여성은 꽤 다른 성향을 보인다.

지금부터 핵심 메시지를 정할 때 최소한 알아두어야 할 남녀 간의 차이를 알아보자.

20-1. 관심의 대상

남성은 '여성'에 관심이 있고, 여성은 '패션 그 자체'에 관심이 있다. 전혀 다른 이 두 항목을 굳이 비교한 이유는, 남성이 여성을 향해 갖는 관심과 여성이 패션에 쏟는 관심이 비슷한 수준이라는 점을 말하기 위해서다. 실제로 대부분의 유흥업소가 남성을 대상으로 하지만, 의류나 귀금속 시장은 일반적으로 여성을 겨냥하고 있다. 이 점을 보면 성별에 따른 관심의 차이가 시장 경제로도 증명되었다는 것을 알 수 있다.

남성에게 패션이란 결국 '여성에게 매력적으로 보이기 위한 수단'이지만, 여성에게 패션은 '그 자체가 목적'이다. 남성용 잡지는 대부분 여성에게 어필하기 위한 관점에서 편집되고 있으며, 실제로 많은 남성이 친구 모임에서는 옷차림에 큰 신경을 쓰지 않는 것도 이 때문이다.

하지만 여성은 오히려 여성끼리의 모임에서 더 멋을 낸다. 여성들만의 자리는 '패션이라는 공통 취미'를 보여주기 위한 자리이기 때문에 더 공을 들이는 것이다. 반대로 그 자리에 남성이 끼면 흥이 깨질 수도 있다. 건담을 좋아하는 남성들의 모임에 건담을 모르는 여성이 있으면 분위기가 깨지는 것과 비슷하다. 동창회에서 한껏 멋을 내는 이유도 남성은 여성의 시선을 의식해서지만, 여성은 여성의 시선을 의식한다. 남성에게 패션이란 인기를 끌기 위한 수단이지만, 여성에게는 감각을 선보이는 방식인 셈이다.

요즘은 성별의 경계가 흐려지면서 패션 자체를 즐기는 남성도 많아졌지만, 여전히 기존의 가치관이 주를 이루는 듯하다. 이렇게 기본적인 선호도가 다르다 보니 같은 제품이라도 남성과 여성에게 접근하는 방식이 달라질 수밖에 없다. 특히 화장품이나 패션의 경우, 남성에게는 주로 이걸 사면 이성에게 어필할 수 있다는 식으로 접근하면 더 공감을 얻기 쉬운 편이다.

하지만 여성에게도 똑같은 방식으로 접근하면 '딱히 이성에게 잘 보이려고 꾸미는 게 아니다'라는 반발을 불러올 수 있다. 오히려 흥미가 식어 구매 의욕이 꺾이고 만다. 여성에게는 이성에 대한 어필을 강조하기보다 '이것을 사면 더 예뻐질 수 있다'라는 식으로 패션 그 자체에 중심을 두는 편이 더 잘 통한다.

20-2. 여성 대상 마케팅 전략

여성들에게는 기본적으로 '나는 원래 아름답지만, 지금은 잠시 관리를 소홀히 해서 최고의 상태가 아닐 뿐'이라는 감각이 있다. 따라서 '이걸 사면 예뻐진다'라는 말보다는 '이걸 사면 본래의 아름다움을 되찾을 수 있다'라는 말이 더 공감을 얻기 쉽다.

'이걸 사면 예뻐진다'라고 하면 자칫 '지금은 아름답지 않다는 건가?'라는 불쾌감을 줄 수 있다. 체형이 통통한 여성도 '지금은 잠깐 살이 찐 상태'라고 생각하는 경우가 많다. 현재 모습이 자신의 진짜 모습이 아니라, 일시적인 상태라고 여기는 것이다.

사실 사람의 외모는 조금만 손을 대도 인상이 확 바뀌는 법이다. 예능 프로그램에서도 평범한 여성이 일류 스타일리스트나 메이크업 아티스트의 손을 거치면 놀랄 만큼 달라지는 장면을 흔히 볼 수 있다.

많은 여성이 아직 그러한 '전문가의 손길을 받지 못했을 뿐'이고, 이 상품이야말로 그 '전문가의 손길'임을 효과적으로 전달해야 한다.

20-3. 여성의 색상 구분 능력은 남성의 약 4배

남성이 색을 대략 7가지로 구분한다면 여성은 약 29가지로 구분한다고 한다. 예를 들어 남성이 그저 '핑크'라고 인식하는 색을, 여성은 카네이션 핑크, 스트로베리 핑크, 버블검 핑크, 마젠타, 살몬 핑크 등 5가지 색상으로 나누어 인지할 수 있다. 색상 이름을 알고 모르고를 떠나 본능적으로 인식하는 것이다.

여성이 옷을 색상별로 1벌씩만 사도 29벌이 되지만, 남성은 7벌밖에 되지 않는다. 여성이 보통 남성보다 더 많은 옷을 가지고 있고 패션을 즐기는 이유가 바로 여기에 있다. 나도 아내가 어떤 옷을 사라고 권하면 이미 같은 색 옷이 있다고 대답한다. 그러면 아내가 그 옷과 이 옷은 색이 완전히 다르다며 지적하곤 한다.

따라서 남성용 상품은 미묘한 색상 차이가 전달되지 않는다는 전제를 두고 메시지를 기획해야 한다. 반대로 여성은 섬세한 색상 차이에서 재미를 느끼기 때문에, 디자인 요소를 강조하는 것이 매우 효과적이다.

예쁜 포장은 남성의 구매 욕구 상승에 큰 영향을 주지 않지만, 여성에게는 충분히 매력적인 포인트가 된다. 또, 여성은 핑크를 좋아한다는 단순한 생각으로 남성 디자이너가 핑크 계열의 크리에이티브를 만들면, 정작 여성들은 "내가 원한 핑크는 이게 아닌데……." 하고 생각할 수 있다.

그러므로 여성용 상품 개발에 남성이 참여할 때는, 색을 말로 설명하지 말고 색상 코드나 실제 샘플로 명확히 제시해야 한다는 점을 꼭 기억해 두자.

20-4. 남성은 경쟁심으로, 여성은 공감으로 움직인다

인간관계를 형성할 때 남성은 주로 '경쟁심'으로, 여성은 '공감'으로 접근하는 경향이 있다. 남성은 처음 만난 상대라 해도 무의식적으로 연봉이나 지위 등을 비교해 자신과 상대의 우열을 판단하려고 한다. 기본적으로 이기고 싶어 하기 때문에, 이 상품을 쓰면 경쟁자를 이길 수 있다는 식으로 경쟁심을 자극하는 메시지가 효과적이다.

반면, 여성은 누가 이기고 지는 식의 경쟁보다는 감정을 공유하고 공감하는 것을 더 중요하게 생각한다. 여성이 선물하기를 좋아하는 이유 중 하나도 이런 공감 욕구 때문이다. 물건을 선물하면서 상대와 감정을 공유하고 싶어 하는 것이다.

남성은 선물을 다소 대충 고르는 경향이 있지만, 여성은 상대를 떠올리며 진지하게 고민한다. 성의 없는 선물로는 충분한 공감을 얻을 수 없기 때문이다. 그래서 여성에게는 '이것을 선물하면 상대방이 정말 기뻐할 것'이라는 식의 접근이 효과적이다. 반대로 남성에게는 '이것을 여성에게 선물하면 호감도가 올라갈 것'이라는 표현이 더 큰 설득력을 발휘한다.

5장 '어떻게' 전달할 것인가

'누구에게', '무엇을' 전달할지 정했다면 그다음은 '어떻게' 전달할지를 고민해야 한다. 여기에는 무한한 방법이 있다.

만약 전달하려는 USP가 명확하고 강력하다면 꾸미지 않고 직설적으로 말하는 편이 더 효과적이다. 하지만 USP가 다소 모호하거나 쉽게 와닿지 않는 것이라면, 보는 이의 흥미를 끌기 위해 어느 정도 변화를 주는 편이 낫다.

예를 들어, USP가 '8명이 넉넉하게 탈 수 있다는 점'인 자동차가 있다고 하자. 이때, 광고 문구를 단순히 "8명이 여유롭게 탈 수 있어요"라고 해도 충분히 매력을 전할 수 있다. 하지만 그 '넉넉함'을 더 생생하게 전달하기 위해, 몸집이 큰 럭비 선수 8명을 등장시켜 "우리도 여유롭게 탈 수 있어요"라고 말한다면 더 강한

그림5 USP에 따른 표현 방법의 예시

인상을 줄 수 있다(**그림5** 참조).

이번 장은 이런 표현 방식을 염두에 두고 읽어 나가면 좋다.

21

소비자 중심의 '전달되는' 광고 만들기

광고를 제작할 때 먼저 기억해야 할 점은 광고는 결국 **소비자에게 전달되지 않으면 아무 의미가 없다**는 사실이다.

지금까지 여러 번 강조했듯이, 광고가 제대로 '전달되기' 위해서는 말하고 싶은 내용을 소비자에게 밀어붙이기만 해서는 안 된다. 반드시 메시지를 받아들이는 사람의 상황을 고려해야 한다.

소비자의 상황을 고려하지 않고 제품 중심으로만 하고 싶은 말을 내보내는 광고는 '전달하는' 광고다. 제품 중심의 광고는 '이 제품에는 이런 특징이 있으며, 이것을 알기 쉽게 전달하기 위해 이렇게 표현했다'라는 식의 일방적인 정보 전달만을 목적으로 한다.

반면에 '전달되는' 광고는 철저히 소비자의 관점에서 설계된 것이다. 소비자가 메시지를 자연스럽게 받아들일 수 있도록 치밀하게 계산된 결과다.

예를 들어 다음과 같은 방식으로 접근한다.

"이 제품의 타깃은 ○○에 관심이 있으며, △△매체를 보고 있을 때는 ㅁㅁ라는 심리 상태다. 따라서 제품의 특징을 직설적으로 전달하면 잘 받아들여지지 않을 것이다. 그러므로 초반부터 강렬한 이미지를 제시해 소비자의 관심을 끌고, 이후 메시지를 읽었을 때 의도가 자연스럽게 전달되도록 설계한다."

이런 식으로 '전달되는' 광고의 제작자는 일방통행이 아니라 소비자와의 '쌍방향 커뮤니케이션'을 목표로 한다. 예를 들어 화장품 광고의 경우 다음과 같이 접근할 수 있다.

"이 화장품의 타깃은 더 좋은 미용 성분에 대한 정보를 알고 싶어 하는 사람이다. 하지만 인터넷 뉴스는 비판적인 시각으로 보는 편이므로, 제품의 특징을 직설적으로 전달하면 잘 받아들여지지 않을 것이다. 그러므로 가장 먼저 과학적 신뢰감을 주는 구성으로 흥미를 유도하고, 이후 본문을 읽었을 때 제품의 매력이 전달되도록 설계한다.”

광고는 단순한 ‘정보 전달 수단’이 아니라 ‘커뮤니케이션 수단’이다. 그러므로 광고는 꼭 소비자가 정보를 접하는 상황과 심리 상태 등을 잘 파악한 뒤에 만들어야 한다.

22

미디어의 특성을 파악하고 전달하라

‘어떻게’ 전달할 것인가를 고민할 때 가장 먼저 고려해야 할 점은 소비자가 어떤 상황에서 광고를 보는가이다.

이때 **‘내가 하고 싶은 말’**을 출발점으로 삼아서는 안 된다. 그보다는 자신이 만든 광고가 ‘어떤 매체에 실리는지’부터 확인하고 시작해야 한다. 웹 매체라면 ‘어떤 성격의 사이트인가?’, 포스터라면 ‘어디에 붙이는가?’, 잡지 광고라면 ‘내지인가, 표지 근처인가?’를 고려해야 한다. 예를 들어 웹광고만 하더라도 모바일과 PC 버전의 화면 구성과 시선의 흐름은 완전히 다르다.

특히 화장품 광고는 포털 사이트의 메인에 노출되느냐, 뷰티 전문 사이트에 노출되느냐에 따라 전혀 다르게 만들어야 한다. 당연한 이야기지만, 포털 사이트의 메인에 화장품 광고를 게재하면 그 광고는 다양한 뉴스 콘텐츠 사이에 섞여 있게 된다. 물론 그중에는 미용에 관심 있는 사람도 있겠지만, 대부분은 뷰티 소비자가 아니라 뉴스를 보는 독자의 시선으로 본다. 이런 상황에서 단순히 화장품 용기 사진에 평범한 카피를 붙인 광고를 내놓는다면 반응은 좋지 않을 것이 뻔하다.

뉴스 콘텐츠 독자인 소비자의 관심을 끌기 위해서는 '예약자만 3만 명 돌파! 줄 서서 사는 ○○ 화장품의 인기 비결'과 같이 미용에 관심 없는 사람도 주목할 만한 강력한 카피를 활용해야 한다.

반대로 뷰티 전문 사이트에 방문한 소비자에게는 굳이 주목받기 위한 장치가 필요하지 않다. 이들은 애초에 스스로 정보를 찾아 들어온 사람이므로 긍정적인 태도로 광고를 받아들이기 때문이다. 이런 사이트에는 이미 미용 정보와 광고가 가득하고, 뷰티 소비자는 이를 자연스럽게 훑어보는 편이다. 따라서 자극적인 표현으로 관심을 끌기보다는, '화제의 성분 ○○을 3배 농축한 세럼 출시'처럼 제품의 특징을 분명하게 전달하는 편이 좋다.

22-1. '누구에게·무엇을'보다 '어디에서'가 더 중요한 경우

같은 사람이라도 어떤 매체를 통해 접근하느냐에 따라 반응이 달라질 수 있다. 이는 소비자라는 집단을 하나의 타깃으로 묶어놓고 볼 때도 마찬가지다.

지인이 어떤 상품을 온라인으로 판매하던 시절의 이야기다. 초기에 그는 이 상품이 어떤 타깃층에 맞을지 알 수 없어 여러 통신판매 매체에 시험 삼아 광고를 실었다고 한다. 그러다 우연히 '고급 통신판매 매체의 우수회원 소식지'에 광고지를 넣었더니 주문이 폭주했다. 상품 자체가 고가였기 때문에 부유층 소비자에게 큰 호응을 얻은 것이다.

이 상품이 부유층에게 잘 팔린다고 확신한 그는 부유층이 많이 거주하는 지역의 신문에 같은 광고지를 넣어 배포했다. 그런데 이번에는 전혀 반응이 없었다. 같은 타깃층에게 똑같은 광고로 접근했음에도 불구하고, 전달하는 매체가 달라지자 완전히 반응이 갈라진 것이다.

여기서 생각해 볼 점은 매체가 가진 이미지의 차이다. 똑같은 광고지라도 고급 통신판매 소식지에 들어 있으면 고급스러워 보이지만, 신문에 끼워져 있으면 저렴하게 느껴질 수 있다.

웹광고도 마찬가지다. 사람들은 스마트폰으로 여러 가지 앱과 매체를 통해 정보를 얻는다. 같은 콘텐츠라도 포털 사이트의 메인에서 볼 때와 가십성 정보 사이트에서 볼 때의 신뢰도는 분명 다를 것이다.

즉, 같은 스마트폰에서 같은 광고를 보더라도, 어느 매체를 통해 보았느냐에 따라 신뢰도가 달라진다는 말이다. 같은 타깃과 같은 크리에이티브라 할지라도 **'어떤 매체에 실리는지'**가 매우 중요하게 작용한다는 점을 기억하자.

23

LP나 메일은 '읽기 쉽고 전달력 높은 정석 문장 구성법'으로 작성하라

지금까지 소비자 중심의 '전달되는 광고'에 대해 이야기했다. 이제부터는 실제로 글을 쓸 때 활용할 수 있는 구체적인 방법을 알아보자. 먼저 기본 형식을 익힌 후에 점차 자신만의 스타일을 만들어 가는 것이 좋다.

광고 글, 특히 광고문의 본문을 쓸 때는 '구성'이 정말 중요하다. 개별 문장이 아무리 좋아도 글의 흐름이 어색하면 잘 전달되지 않는다.

내가 존경하는 컨설턴트이자 글쓰기의 천재로 꼽는 다케우치 겐레이 씨가 있다. 지금부터 소개할 '읽기 쉽고 전달력 높은 정석 문장 구성법'은 그에게 직접 배운 내용으로, 본인의 허락을 받아 실은 것이다. 이 구성법은 어떤 제품이나 서비스에도 활용할 수 있으므로 실제로 글을 쓸 때 꼭 참고해 보기 바란다.

이 방법은 글을 5가지 단계로 나누는 데서 시작한다.

① 결론

② 부정(대화체)

③ 긍정

④ 자신의 의견

⑤ 자극

이 5가지 흐름에 따라 글을 써 나가는 것이다. 어렵게 생각하지 말고 순서대로 따라가 보자.

① 결론

"오늘의 할인 소식을 전해드립니다."

"깜짝 놀랄 만한 신제품이 나왔습니다."

"얼마 전 소개한 제품이 하루 만에 매진되었습니다."

이렇게 결론부터 말하는 것이 핵심이다. 글쓰기가 서툰 사람일수록 서론을 장황하게 쓰는 경향이 있다. 하지만 무언가를 팔기 위해 쓰인 광고문을 좋아할 사람은 없다. 조금이라도 흥미가 없으면 소비자는 클릭 한 번으로 떠나버린다.

본론이 한참 뒤에나 보이는 글, 의도를 알 수 없는 글을 굳이 읽어줄 만큼 사람들은 한가하지 않다. 그러니 결론부터 명확하게 전달해야 한다.

그다음에는 '부정문'을 쓴다. 이때는 특히 대화체를 써서 마치 고객의 목소리를 대변하는 듯한 느낌으로 표현하는 것이 효과적이다.

② 부정

"근데, 그거 다른 제품이랑 똑같은 거 아니야?"

"이런 제품은 이미 비슷한 게 많은데?"

"딱히 맛있어 보이지 않는데?"

결론 후에 바로 장점만 늘어놓으면 소비자는 금방 흥미를 잃는다. 이야기가 너무 뻔하다고 느끼는 것이다. 그래서 여기에 부정문을 끼워 넣는다. 예상할 수 있는 소비자의 부정적 반응을 미리 언급함으로써, "이거 뭔가 특별한가 본데?"라는 기대감을 유도할 수 있다.

상품을 긍정하는 글은 그다음에 써야 한다.

③ 긍정

"이건 지금까지의 제품과 완전히 다릅니다."

"기존 대비 성능이 120% 향상되어 사용감이 정말 뛰어납니다."

"내용물은 똑같지만, 가격은 30% 저렴합니다."

이처럼 소비자의 시선에서 부정했던 내용을 긍정적인 답변으로 강조하면 상품의 특징이 더 뚜렷하게 드러난다. '부정'과 '긍정'을 반복하는 것은 소비자의 우려나 의문을 자연스럽게 해소하고, 보다 친근감 있게 다가가는 효과가 있다.

여기서 중요한 것은 '어떻게'가 아니라 '무엇을' 전할 것인가이다. 이 순서가 어긋나면 독자의 공감을 끌어낼 수 없다.

그리고 글쓰기에서 가장 중요한 단계가 바로 다음 순서인 '자신의 의견'이다.

④ 자신의 의견

"직접 써보니 손에 착 감기더군요."

"이건 하나쯤 꼭 갖고 있어야 할 아이템이죠."

"개발자에게 진심으로 감탄했습니다."

이렇게 자신의 의견을 넣으면 상품 소개문에 개성이 생긴다. 그 개성이야말로 소비자에게 '여기서밖에 살 수 없는 것'이라는 인상을 주고, 구매 욕구로 이어진다. 또한 개인의 시점이 들어가면 신뢰와 친근감을 줄 수 있다. 소비자가 상품의 이미지를 더 구체적으로 그리게 되는 효과도 있다.

마지막은 행동을 촉구하기 위해 '자극'을 주는 문장이다.

⑤ 자극

"이렇게 꼼꼼하게 만들어진 제품은 다른 데선 절대 못 구합니다."

"30개 한정 생산이니 지금 바로 클릭하세요!"

"세일 종료까지 앞으로 72시간입니다."

마지막에는 소비자가 행동하도록 유도하는 문장으로 글을 마무리해야 한다. 소비자는 판매자의 생각보다 적극적이지도, 글을 집중해서 읽지도 않는다. 멍하니 읽다가 다음 정보가 궁금해져서 다른 페이지로 넘어가 버리기 일쑤다. 그래서 꼭 글의 마지막에 다음에 무엇을 해야 하는지 분명하게 써줘야 한다.

이렇게 '결론 → 부정 → 긍정 → 자신의 의견 → 자극'의 5단계로 글을 구성하면 소비자에게 매우 효과적으로 메시지를 전달할 수 있다.

이 형식을 활용하여 의류 매장에서 트렌치코트를 소개하면 다음과 같은 글이 된다.

트렌치코트 재고가 긴급 확보되었습니다! **(코트 입고에 대한 결론)** 이번에 소개해 드릴 제품은 멋스러움을 한층 더해줄 특별한 디자인의 롱 트렌치코트입니다.

"그런데 코트 기장이 길면 좀 부해 보이지 않을까?" **(고객의 부정)** 그런 걱정을 해보신 적 있지 않나요? 이 롱 트렌치코트는 단추 위치를 살짝 조정해서 키가 작은 분들도 날씬해 보이도록 디자인했답니다. **(제품 설명의 긍정)** 실제로 제가 입어봤는데, 155cm인 저도 키가 작아 보이지 않아서 정말 놀랐어요! 벨트를 하지 않고 그냥 걸치기만 해도 안감의 체인 무늬 덕분에 고급스러운 느낌이 들더라고요. **(착용해 본 자신의 의견)**

이번에 확보한 재고는 단 15벌 한정. 79,800원이라는 특별 가격으로 귀엽고 고급스러운 트렌치코트를 만나 보세요! **(행동을 유도하는 자극)**

이와 같은 방법을 활용하면 어떤 서비스나 제품이든 설득력 있게 소개할 수 있다. 또 다른 예시로서 **그림6**에 새로 나온 암 보험과 소시지를 소재로 광고 문구를 작성해 보았다.

그림6 '읽기 쉽고 전달력 높은 정석 문장 구성법'을 활용한 광고문 예시

예시) 암 보험 서비스		예시) 소시지
새로운 생명보험을 소개합니다! 기존 보험료보다 월 5,000원 저렴하면서도 보장은 더 강화된 새로운 암 보험이 출시되었습니다.	결론	신제품을 소개해 드립니다. 수제 김치와 치즈를 절묘하게 조합한 새로운 소시지예요!
"그러면 가입 조건이 까다롭지 않을까?"	부정	"김치 치즈 소시지? 잘 어울리는 조합일까?"
이렇게 생각하시는 분도 계실 텐데요, 사실 가입 조건은 기존과 전혀 다르지 않습니다.	긍정	이렇게 생각하실 수도 있지만, 궁합이 아주 좋아서 몇 개를 먹어도 질리지 않는 맛이랍니다.
제가 상담해 드린 60대 부장직에 계신 남성 고객님도 얼마 전 이 보험에 가입하셨는데, 절차는 기존과 똑같았고 아주 간단하게 보험을 갈아탈 수 있었습니다.	자신의 의견	제가 직접 먹어보았는데, 김치의 매콤함과 치즈의 고소함이 절묘하게 어우러져 정말 맛있었어요. 맥주는 물론 전통주나 소주와도 찰떡궁합입니다! 굽기보다는 삶아 드시면 더 좋아요!
현재 6월 12일까지 캠페인을 진행하고 있습니다. 새로운 암 보험에 가입하신 분 중 추첨을 통해 열분께 유니버설 스튜디오 재팬의 2인 입장권을 드립니다. 한정된 고객님들께만 드리는 안내인 만큼 높은 당첨 확률을 보장합니다. 자세한 사항은 이메일이나 전화로 문의하세요.	자극	24일까지 2팩 구매하시는 분께 1팩을 추가 증정! 한정 수량 20세트로 출시되는 제품이니 서둘러 주문하세요!

읽기 쉽고 전달력이 높은 문장에는 일정한 기본 틀이 있다. 처음부터 자기 스타일대로 글을 쓰기보다는, 이 틀에 맞춰 글을 구성하는 연습부터 시작해 보자. LP 등의 콘텐츠를 구성할 때도 이 방식을 활용하면 훨씬 읽기 쉽고 전달력 있는 페이지를 만들 수 있다.

24

코미디언의 기술에서 배울 수 있는 것

앞서 소개한 글쓰기의 기본 틀은 분명 유용한 방법이다. 그러나 고객들이 긴 광고문을 끝까지 읽게 하려면 첫 문장을 어떻게 쓰는가가 매우 중요하다.

광고문은 결론부터 시작하는 편이 대체로 효과적이지만, 아무런 고민 없이 바로 결론을 내세워서는 안 된다. 소비자가 첫 문장만 읽고 살까 말까를 결정지을 수 있기 때문이다. 강력하고 확실한 USP가 있다면 이 방식을 따라도 문제없다. 그러나 어느 정도의 설득이 필요한 상품이라면 단순히 결론을 앞세우는 방식은 적합하지 않다.

이때 응용할 수 있는 방법이 바로 **'고야부 방식'**이다. 코미디언 고야부 가즈토요 씨는 이야기를 시작할 때 이런 식으로 말문을 연다.

"'생각해 보면 진짜 화를 낼 만한 일이 그렇게 자주 있는 건 아니죠'라는 이야기인데요."

"'어떻게 그런 목소리가 나오지?'라는 이야기인데요."

"'사람은 때때로 참 미묘한 표정을 지을 때가 있어요'라는 이야기인데요."

마치 수수께끼를 던지듯이 이야기를 시작하여 결말에 대한 궁금증을 유발하는 것이다. 이렇게 하면 듣는 사람은 결말이 궁금해서 끝까지 듣게 된다. 우리가 쓰는 광고문에도 이 방법을 적용할 수 있다.

"이 글을 끝까지 읽으시면 왜 우리가 굳이 힘들여 이 제품을 만들었는지 알게 될 겁니다."

"어쩌면 당신은 이 글을 읽다가 눈물로 앞이 흐려져 더는 읽지 못할 수도 있습니다."

"저는 이 제품을 만났을 때, 어린 시절의 소중한 다짐을 떠올렸습니다."

이런 식으로 글을 시작하면 소비자가 끝까지 읽을 가능성이 커진다.

소비자들은 글을 읽을 때 다음 문장을 읽을지 말지 무의식적으로 판단한다. 그래서 첫 문장에 끝까지 읽고 싶게 만드는 장치를 배치했는지에 따라 결과에 큰 차이가 난다.

이 방식을 제일 먼저 '결론' 단계에서 써도 좋고, 결론에 앞서 흥미를 유발하는 도입 문장으로 활용해도 좋다. 어떤 식으로 글을 구성하든 첫 문장에 온 힘을 집중하는 것이 중요하다.

25

카피는 문장 배치가 중요하다

일단은 앞서 소개한 문장 구성법을 철저히 익히는 것이 중요하다. 그런 다음, 어느 정도 형식에 익숙해졌다면 자신만의 스타일로 변형해 나가도 좋다. 이때 주의할 점이 하나 있다.

예를 들어 SNS 플랫폼 X(구 트위터)에 다음과 같은 2가지의 글이 있다면, 어느 쪽이 더 많은 팔로워를 끌어모을 수 있을까?

① 재치 있는 댓글이 넘쳐나는 팔로워 150만의 인기 계정.
놀랍게도 계정주는 유명한 여성 유튜버 ○○ 씨입니다.
지금 바로 팔로우하세요!

② 계정주는 유명한 여성 유튜버 ○○ 씨.

재치 있는 댓글이 넘쳐나 팔로워 150만의 인기 계정이 되었습니다.

지금 바로 팔로우하세요!

정답은 ①이다.

끝까지 읽어보면 ①과 ②는 내용이 똑같은 글이지만, 대부분은 처음 두 줄만 보고 다음으로 넘어갈지 말지를 판단한다. 어차피 끝까지 보면 같은 내용이라 둘 다 팔로우율은 비슷하다. 그러나 마지막까지 읽는 사람의 수에서 큰 차이가 난다.

①과 ②를 다시 한번 살펴보자. 두 글 모두 처음 두 줄에서 대상 독자가 누구인지 나타난다.

①은 '재치 있는 댓글이 넘쳐나는 팔로워 150만의 인기 계정'에 관심이 있는 사람이 타깃이고, ②는 '여성 유튜버'에 관심을 가진 사람이 타깃이다. X는 여성 이용자가 많다는 점을 고려하면, '여성 유튜버'에 관심이 있는 사람보다 '재치 있는 댓글이 넘쳐나는 계정'에 흥미를 느낀 사람이 훨씬 많을 것이다. 따라서 더 많은 사람이 끝까지 읽게 되는 글은 ①이다.

- 카피는 소비자가 '끝까지 읽어줄 것'이라는 전제로 쓰면 안 된다.
- 처음 한두 줄에서 소비자의 마음을 끌지 못하면, 다음 내용이 아무리 좋아도 읽지 않는다.
- 그러므로 꼭 전하고 싶은 핵심은 가장 먼저 제시해야 한다.

이 원칙을 바탕으로 '어떤 내용을 어떤 순서로' 말할 것인가를 신중하게 고민해야 한다. 이것은 글쓰기의 기본 틀에서 벗어나더라도 절대 바뀌지 않는 철칙이다.

또 하나, 글을 마지막까지 읽게 만드는 기술로 '포인트는 ○가지'라는 방법이 있다.

꼭 추천하고 싶은 팔로워 150만의 계정이 있습니다.

추천 포인트는 2가지.

① 계정주가 유명한 여성 유튜버 ○○ 씨라는 점.

② ○○ 씨가 평범한 글을 올려도 재미있는 댓글이 쏟아진다는 점.

지금 바로 팔로우하세요!

이렇게 처음부터 '포인트는 2가지'라고 밝혀두면, 첫 번째 포인트가 흥미롭지 않아도 두 번째까지는 읽게 된다. 카피는 설명으로 끝나는 게 아니라 어떻게 해야 소비자가 끝까지 읽게 될지 고민하여 써야 한다.

26

이모션 릴레이가 중요한 이유

우리 회사에서는 LP를 HLP(행동 LP)와 BLP(브릿지 LP)로 구분하여 부르고 있다. HLP는 실제로 구매 행동이 이루어지는 LP를 가리키며 장바구니 기능 등을 포함하고 있다. BLP는 소비자를 HLP로 유도하기 전에 거치는 상세 페이지를 말한다. 광고→BLP→HLP의 순서라고 이해하면 된다. BLP는 신문 기사형, 고객 설문형 등 다양한 형태로 만들어진다.

광고에서 바로 HLP로 연결하는 대신, BLP에서 소비자에게 정보를 제공하고 제품에 대한 흥미를 불러일으킨 뒤에 HLP로 이끄는 편이 CVR(전환율, 이 경우 광고를 통해 웹사이트를 방문한 사람 중 구매 페이지로 이동한 방문자의 비율)을 높이는 데 효과적이다.

실제 웹마케팅에서는 광고와 HLP, 필요에 따라 BLP를 조합하여 구매로 이어지는 흐름을 설계한다. 따라서 이 2가지, 또는 3가지 매체를 아우르는 메시지 구성에 신경 써야 한다.

소비자가 광고에 흥미를 느껴 클릭하고, BLP에서 읽은 내용에 공감하고, HLP로 이동하여 구매 버튼을 누르기까지. 우리 회사에서는 그 모든 과정이 자연스럽게 이어지는 흐름을 '이모션 릴레이(Emotion relay, 감정의 릴레이)'라고 부른다. 예를 들면 다음과 같은 대화를 생각해 볼 수 있다.

"광고에서는 이렇게 이야기했는데, BLP로 이동했더니 그에 해당하는 내용이 없어서 이모션 릴레이가 끊겼어."

"이모션 릴레이가 자연스럽게 이어지는 광고, BLP, HLP의 흐름을 만들어보자."

한편, 다음과 같은 상황에서는 이모션 릴레이가 끊어지거나 약해진다. 이를 '이모션 릴레이에 오류가 발생'했다고 표현하기도 한다.

- 광고에는 "어머니(53세)가 최근 밝아진 비결은?"이라고 쓰여 있는데, 정작 BLP에서는 어머니에 대한 언급이 전혀 없이 끝났다.
- 광고 이미지에는 귀엽고 현대적인 여성의 색연필 삽화가 사용되었는데, 클릭해서 넘어간 BLP의 첫 화면은 제품 분위기와 전혀 다른 나이 든 여성의 얼굴 사진이었다.
- BLP의 마지막 버튼은 "지금 바로 구매!"였으나, 실제로 클릭해 보니 설문조사 페이지로 연결되었다.

요즘은 광고, BLP, HLP를 각각 다른 사람이 제작하는 경우가 많다. 이와 같은 분업화의 영향으로 이모션 릴레이의 오류가 자주 발생하고 있다. 특히 다음과 같은 상황에서 이런 문제가 일어나기 쉽다.

- 연결되는 LP를 확인하지 않고 광고를 만든 경우(기존에 잘된 광고를 참고하여 제작)
- 연결되는 HLP를 확인하지 않고 BLP를 만든 경우(다른 BLP를 참고하여 제작)
- 광고의 연결 페이지를 임의로 변경하는 경우(기존에 성과가 좋았던 BLP나 HLP로 변경)
- 광고, BLP, HLP의 조합을 재구성하는 경우
- 광고나 BLP를 수정하면서 이모션 릴레이의 흐름을 확인하지 않은 경우

또한 광고 제작, BLP, HLP 각각의 기법에만 지나치게 몰두하는 것도 이모션 릴레이의 오류를 유발하기 쉽다. 이모션 릴레이는 되도록 신경 쓰는 수준이 아니라, '광고, BLP, HLP는 이모션 릴레이를 이어가기 위해 만드는 것'이라는 인식이 필요하다.

자동차를 만들 때 차체, 타이어, 엔진을 각각 다른 곳에서 제작한다고 생각해 보자. 마지막에는 이 부품들을 조립해서 '하나의 자동차'를 완성해야 하는데, 차체 공장이 타이어나 엔진과의 조화를 고려하지 않고 만든다면 조립 자체가 불가능하다. 차체만 멋있게 만든다고 자동차를 완성할 수 있을까? 차체는 자동차를 구성하는 요소로서 그에 어울리도록 만들어야 한다. 애초에 조립을 전제로 설계할 필요가 있다.

일부 테크니컬 마케팅에 치우친 사람 중에는 이모션 릴레이가 이어지고 있는지 점검하지도 않고, 전환(CV)이 발생했으니 문제없다고 판단하는 경우가 있다. 하지만 이는 올바른 접근이 아니다.

이모션 릴레이에 문제가 있더라도 광고, BLP, HLP 중 하나가 매우 강력하다면 전환이 일어나기도 한다. 예를 들어, 가격이 말도 안 되게 저렴하거나 상품 패키지가 유난히 귀엽다면 충분히 가능성이 있다. 하지만 이런 경우, 이모션 릴레이를 개선하면 더 폭발적인 반응을 끌어낼 수 있다.

실제로 우리 회사에서도 이모션 릴레이를 점검하여 성과가 크게 향상된 사례가 많다. 중요한 것은 '감정의 흐름이 이어지고 있는가?'이기 때문에 직접 사람이 광고, BLP, HLP를 클릭하고 읽어보며 판단하는 과정이 꼭 필요하다.

참고로 이모션 릴레이의 오류는 LP를 만든 본인의 주관적인 시각으로 보면 눈치채기 어렵다. 그러므로 다른 사람에게 꼭 확인받고 문제를 찾아서 수정하는 습관을 들여야 한다.

26-1. 객관적인 시각을 기르는 법

이모션 릴레이를 점검하려면 '객관적인 시각'을 갖추어야 한다. 그러나 주관을 배제한다는 것은 말처럼 쉽지 않다. 그럴 때는 이렇게 바꿔서 생각해 보면 좋다. **'객관적인 시각'이란 결국**

'다른 사람의 주관적인 시각'이다. 즉, 자신의 주관을 없애려 애쓰지 말고, 다른 사람의 주관을 받아들이는 것이다.

훈련법으로는 다음과 같은 방법을 추천한다.

"만약 내가 미국에서 태어나 자랐다면, 일본이나 한국을 어떤 나라라고 생각할까?"

"지금 다투고 있는 상대방의 눈에 나는 어떻게 비칠까?"

"지금 경쟁사의 영업 담당자는 나와 이 거래를 어떻게 보고 있을까?"

이런 식으로 자신과 반대 위치에 있는 사람의 시선에서 생각하는 습관을 들이면, 자연스레 지금 팔고자 하는 제품 광고가 소비자에게는 어떻게 보일지 상상할 수 있게 된다. 이런 객관적인 시각이 몸에 배면 크리에이티브 제작이 훨씬 수월해진다.

27

단 8글자로 매출이 1.5배 증가한 사례

자화자찬 같아 다소 민망한 이야기지만, 단 8글자만 추가했을 뿐인데 매출이 1.5배 늘어난 사례가 있다.

우리 회사는 20년 전 창업 초기 무렵에 게나 멜론 따위의 홋

카이도 특산품을 파는 쇼핑몰을 운영했다. 그중 가장 인기 있던 상품이 털게, 가리비, 단새우를 세트로 묶어 배송비 포함 39,800원에 판매한 '체험 세트'였다.

당시에는 광고비를 들여 상품을 홍보하고 싶어도 인터넷에 광고 매체가 거의 없었다. 아이디어만이 살길이라고 생각한 나는 **상품 수량을 선택하는 드롭다운 메뉴 옆에 '1인당 2세트까지'라는 8글자를 추가해 보았다.** 그러자 놀랍게도 구매자의 약 절반이 2세트씩 구매하기 시작했다. 그전까지는 1세트씩만 사는 사람들이 대부분이었다.

이 사례에서 알 수 있는 것은, **소비자가 물건을 살 때 특별히 몇 개를 살지 고민하지 않는다는 점이다.** 사람들은 보통 별생각 없이 일단 하나만 산다. 이때 '1인당 2세트까지'라는 문구가 보이면, 자연스럽게 '몇 개 사야 하지? 2세트 한정이면 미리 2개 사두는 게 좋지 않을까?' 하고 생각하게 된다.

당시 회사 규모가 작아서 매출 증가 폭은 월 수백만 원 수준에 그쳤지만, 만약 월 매출 1억 원인 상품이었다면 단 8글자로 매출이 1억 5,000만 원이 되었을 것이다. 한 달이면 5,000만 원, 1년이면 6억 원의 매출 증가로 이어진다.

구매전환율(CVR)이나 광고수익률(ROAS)을 올리고 싶다면, 우선 '장바구니 주변'의 작은 아이디어에서 출발해야 한다. 잘만 하면 단 8글자로 어마어마한 매출 상승을 이룰 수 있다.

그림7 CVR이나 ROAS를 올리기 위한 개선 아이디어

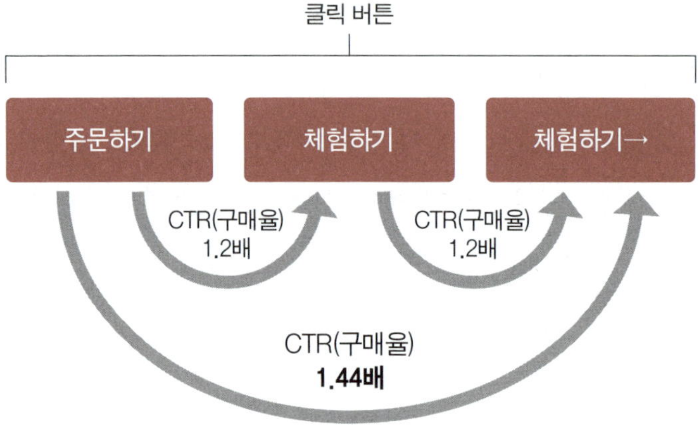

버튼이나 이미지 주석 등에 들어가는 사소한 문구를 '마이크로 카피'라고 한다. 앞서 소개한 사례 외에도 버튼 문구를 '주문하기'에서 '체험하기'로 바꾼 것만으로도 클릭률(CTR), 즉 구매율이 1.2배 증가한 사례도 있다. 이 '체험하기'에 '화살표(→)' 기호를 붙였더니 CTR이 추가로 1.2배 올랐다. 원래의 '주문하기'와 비교하면 1.2×1.2=1.44배 늘어난 셈이다(**그림7** 참조).

이처럼 꼭 거창한 변화가 아니어도 좋다. 마이크로 카피를 조정하는 등의 작은 변화를 쌓아가는 것만으로도 구매율이 크게 오를 수 있다. 구매율이 1.2배 오르는 아이디어를 4번 반복하면 2배의 성과를 얻는다. 6번 반복하면 3배가 되고, 9번 반복하면 5배가 된다.

신은 디테일에 깃든다. '정말 이 표현이 최선일까?', '더 마음을 움직이는 표현은 없을까?' 버튼 하나, 문장 하나도 끊임없이 고민하고 온 힘을 다해 개선해 나가려는 자세가 중요하다.

'비용'을 들이는 것이 아니라 '지혜'를 발휘하는 것이 진정한 마케팅 기술이다.

28

마이크로 카피는 중요한 사업 전략이다

"왜 상장기업의 대표씩이나 되는 사람이 이렇게 사소한 부분에 집착하지? 더 원대한 사업계획을 고민해야 하는 거 아니야?"

여기까지 읽다가 문득 이런 의문이 든 사람도 있을 것이다. 그러나 사실 내가 원대한 사업계획을 고민한 끝에 도달한 결론이 바로 이 마이크로 카피였다.

보통 사업계획을 세울 때는 매출이나 이익을 2, 3배로 늘리는 것을 목표로 한다. 광고 노출량을 늘리면 매출이 올라가지만, 그만큼 광고비도 늘어나서 이익률이 떨어진다. 광고비를 늘리지 않고도 매출을 증가시키려면 어떻게 해야 할까? 그 고민 끝에 찾은 해답이 바로 '마이크로 카피'였다.

광고나 상품 개발에는 막대한 자금이 필요하지만, 실제 매출 상승으로 이어질지는 확실하지 않다. 그에 비해 마이크로 카피를 개선하는 것은 안전하고 확실한 방법이다. 매출이 1.2배 상승하는 작은 개선을 4번 반복하면 따로 비용을 들이지 않고도 매출을 2배로 늘릴 수 있다.

그리고 중요한 것은 '대부분이 캐치 카피나 보디 카피에만 공을 들이고, 마이크로 카피에는 주목하지 않는다는 점'이다. 그래서 매출이 증가해도 경쟁사는 이유를 파악하지 못해 쉽게 따라할 수 없다. 마이크로 카피는 비용도 들지 않을뿐더러 독자적인 경쟁력을 유지할 수 있는 무기인 셈이다.

마이크로 카피에 집착하는 것은 사업을 키우기 위한 중요한 전략이다.

29

"저도 쓰고 있어요"라는 말은 누가 해야 할까?

마지막으로 사용자의 체험담을 활용하는 사례에 대해 알아보자. 체험담을 활용하면 상품의 USP를 효과적으로 전달할 수 있다. 그러나 모델 선정이 잘못되면 오히려 역효과가 날 수 있다. "그 사람이니까 효과를 봤겠지", "저런 사람이 사용하는 거라면 난 쓰고 싶지 않아"라는 부정적인 반응을 유발하기 때문이다.

이런 문제를 피하려면 적절한 사용자 모델을 선택해야 한다. 사용자 모델의 선택지로는 다음과 같은 4가지 유형이 있다(연예인 등의 이미지 모델이 아닌 실제 사용자).

① 동급생 모델 → 나와 비슷한 사람

- 카피 예시: "요즘 ○○가 신경 쓰여서 써봤어요."
- 효과: 자신과 비슷한 사람이 사용한다는 공감과 안도감을 준다.
- 적합한 모델: TV 홈쇼핑의 실제 사용자 후기 등
- 효과적인 상품군: 스킨케어, 건강식품 등

② 선배 모델 → 동경하는 사람

- 카피 예시: "저는 오래전부터 애용해 왔고 매우 만족하고 있어요."
- 효과: 이 사람이 쓰는 제품이라면 틀림없겠다는 신뢰감을 주고, 이 사람처럼 되고 싶다는 동경심을 자극한다.
- 적합한 모델: 일반인 모델, 외모와 능력을 갖춘 중년 이후의 여성 등
- 효과적인 상품군: 패션, 메이크업 제품 등

③ 학생회장 모델 → 이상적인 사람

- 카피 예시: "저는 이 제품을 즐겨 사용하고 있습니다."

- 효과: 이상적인 인물과 같은 물건을 쓰고 싶다, 그 사람과 같은 물건을 쓰는 내가 되고 싶다, 그 사람의 기운을 조금이라도 받고 싶다(물론 그 사람과 똑같아질 수 있을 거라고는 생각하지 않는다).
- 적합한 모델: 유명 배우, 모델 등
- 효과적인 상품군: 유명 브랜드, 고급품 등

④ 열등생 모델 → 자신보다 수준이 낮아 우월감을 느낄 수 있는 사람

- 카피 예시: "내신 9등급도 합격!" "영어 꼴찌도 원어민처럼!" "120kg도 바로 날씬해졌다!"
- 효과: 이런 사람에게도 효과가 있었다면, 나는 더 극적인 효과를 볼 수 있지 않을까? 나라면 더 확실한 효과가 있을 것이라는 기대감을 유발한다.
- 적합한 모델: 의욕이 없어 보이는 학생, 다이어트 전 사진
- 효과적인 상품군: 영어 회화, 학원 등 교육 관련 서비스, 다이어트 관련 제품 등

선배 모델과 학생회장 모델에 대한 반응에는 성별 간의 차이가 없지만, 그 외의 모델은 선호도가 달라진다. 일반적으로 여성은 자신과 비슷한 동급생 모델을 좋아하고, 남성은 열등생 모델을 더 선호하는 경향이 있다. 이는 인간관계에서 여성이 '공감'을 중시하는 반면, 남성은 '상하 관계'를 중시하기 때문일지도

모른다.

이처럼 광고에 모델을 활용할 때는 모델이 소비자에게 미치는 영향을 고려하여 신중하게 선택해야 한다.

6장 '누구에게' '무엇을' '어떻게'의 다음 단계

'누구에게' × '무엇을' × '어떻게'가 모두 맞아떨어진 광고를 제작하여 제품이 성공적으로 판매되었다고 가정해 보자. 이대로 만사가 순조롭게 흘러가면 좋겠지만, 안타깝게도 광고 효과는 영원히 지속되지 않는다.

신제품 출시 후 어느 정도 시간이 흐르면 판매량이 주춤해지거나 정체기에 접어들게 된다. 이는 처음에 만든 광고로 획득할 수 있는 고객층을 거의 다 확보했음을 의미한다. 표현 방식에 변화를 주고 새로운 광고를 계속 선보이며 시간을 버는 방법도 있다. 하지만 이런 식으로는 결국 한계에 부딪히는 시점이 온다.

그럴 때는 '무엇을' 단계까지 거슬러 올라가 전략을 재정비해야 한다. 이제부터 구체적인 방법을 알아보자.

30

광고의 재정비 시점 파악하기

'선명한 빨강'을 내세운 광고는 왜 효과가 떨어졌을까?

한 자동차 광고를 예로 들어 설명하려고 한다. 이 자동차는 선명한 빨간색이 특징으로, 이를 주요 소구 포인트로 삼았다. 처음에는 매력적인 색상을 만들어내는 장인의 기술을 강조한 광고 A가 소비자의 관심을 끌며 성공을 거두었다.

그러나 시간이 흐르면서 반응이 점차 나빠졌다. 소비자가 광고에 식상함을 느끼기 시작한 것이다. 그래서 똑같이 '선명한 빨강'을 강조하되, 표현 방식을 다르게 한 광고 B를 선보였다. 카피도 새롭게 바꾸었다. 이 광고가 다시금 인기를 얻어 매출은 회복되었다. 하지만 이 광고 역시 얼마 지나지 않아 효과가 떨어졌고, 또다시 표현 방식을 바꾼 광고를 내보내 매출을 유지했다.

이런 과정을 여러 차례 반복하다 보니 결국에는 어떤 새로운 광고를 내놓아도 소비자의 반응이 시큰둥했다. 이는 광고 품질의 문제가 아니라, 이 자동차의 선명한 빨강에 매력을 느낄 만한 소비자층을 거의 다 확보했기 때문이다. 물론 모든 잠재고객을 발굴했다고 단언할 수는 없다. 그러나 같은 매체에 계속해서 광고를 내보내다 보면, 특정 메시지에 반응할 만한 사람들은 대부분 접촉했을 가능성이 높다는 뜻이다.

그림8 '무엇을' '어떻게' 전달하는가 ①

즉, 선명한 빨강을 중심으로 한 광고로는 더 이상 매출 성장이 어렵게 된 것이다. 이처럼 어떤 제품이든 광고 효과가 정체되는 시점은 반드시 찾아온다. 이 시점을 정확히 인지할 수 있다면 다음 대책을 준비할 수 있다.

31

'무엇을'로 돌아가 광고를 재구성하라

광고 효과가 한계에 다다랐다고 판단되면 '무엇을' 단계로 돌아가 다시 검토해야 한다. 이 제품이 가진 여러 매력 중 '무엇을' 핵심 메시지로 삼을지 다시 고민하는 것이다.

기존의 핵심 메시지는 '선명한 빨강'이었다. 하지만 이 자동차에는 그 외에도 다양한 매력이 있다. 예를 들어 다음과 같은 특징이 있다고 가정해 보자.

- 세련된 디자인(외형)
- 저렴한 가격(동급 대비 합리적인 가격)
- 운전의 편리성(핸들링 성능)
- 운전의 편리성(자동 제어 기능)
- 편안한 승차감(고급 시트)
- 편안한 승차감(여유로운 내부 공간)
- 탑승의 편리성(좌석 및 미러의 자동 조절 기능)
- 작은 크기에 비해 많은 수용 인원
- 자동 제어 기능에 의한 안전성
- 뛰어난 가속 성능(빠른 초반 가속)

그림9 '무엇을' '어떻게' 전달하는가 ②

'무엇을'	'어떻게'
뛰어난 가속 성능 (빠른 초반 가속)	광고 C: 5초 만에 시속 60km! 마치 땅 위를 달리는 로켓, 당신은 지상의 우주비행사. 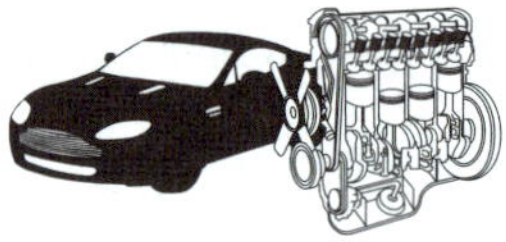 광고 D: 파란 신호와 동시에 질주가 시작된다. 누구도 앞서가지 못하는 자동차의 탄생! 

사람마다 흥미를 느끼는 지점이 다르므로, 다양한 특징을 나열해 보고 '누구에게' '무엇을' 전달할지 다시 검토한다. 이때 새롭게 선정한 매력이 정말 경쟁력이 있는지도 따져봐야 한다.

만약 '무엇을'로 '뛰어난 가속 성능(빠른 초반 가속)'을 선택했다면, 이를 바탕으로 완전히 새로운 광고 C와 D를 제작할 수 있다(**그림9** 참조).

어떤가? '무엇을'로 거슬러 올라가 새로운 광고를 기획하면, 이전과는 전혀 다른 광고가 탄생하게 된다. 이 전략이 성공한다면 기존과는 다른 새로운 고객층을 확보하여 매출을 끌어올릴 수 있다.

'무엇을'에 대한 고민 없이 표현 방식만 계속 바꾸는 것은 임시방편에 불과하며, 결국에는 창의적인 아이디어마저 바닥나게 된다. 크리에이티브를 기초부터 다시 설계할 때는 꼭 '무엇을'로 돌아가 제품의 매력을 재확인하고, 제품에 새로운 생명력을 불어넣어야 한다.

7장 펀더멘털 운영의 본질

지금까지의 설명을 통해 펀더멘털 크리에이티브의 중요성과 진행 방식을 충분히 이해했을 것이다. 제1부의 마지막에서는 '광고 집행'의 펀더멘털 운영에 대해 알아보려고 한다. 이는 그림1에서 등장한 '광고 집행' 과정의 일부를 말한다.

펀더멘털 운영이란 인간의 감정에 기초한 '고객 여정(Customer Journey)'을 이해한 뒤, 이를 바탕으로 광고 배포 방식을 설정하는 것이다. 여기서 고객 여정이란 특정 제품이나 서비스의 구매 또는 이용을 촉진하기 위해 타깃 인물상을 설정하고, 타깃의 행동, 사고, 감정을 분석하여 인지부터 검토, 구매 및 이용에 이르는 시나리오를 시간 순서에 따라 파악하는 접근법을 말한다.

32

데이터에서 감정을 읽어내라

펀더멘털 운영에서는 크리에이티브의 메시지에 맞추어 적절한 광고 배포 대상을 설정한다.

"상품 A와 상품 B는 궁합이 좋으니, 상품 A를 본 사람에게 상품 B의 광고를 노출하자."

"이 키워드를 검색한 사람의 감정은 이러하며, 이런 경쟁사의 광고를 자주 볼 테니 이런 느낌의 광고를 내보내자."

이와 같은 흐름으로 진행하는 것이 바로 펀더멘털 운영이다.

저주파 복근운동기구를 예로 들어보자. 이 제품을 보는 소비자는 쉽게 다이어트에 성공하고 싶어 하는 사람이므로, 다이어트에 효과적인 스무디에도 관심을 가질 수 있다. 또한, '경쟁사 브랜드명+후기'로 검색하는 사람은 경쟁 제품의 품질에 불안을 느끼고 있을 가능성이 높다. 따라서 경쟁사 브랜드명을 단독으로 검색하는 사람보다 쉽게 자사 고객으로 확보할 수 있다.

이처럼 고객이 상품을 구매하기까지 거치는 다양한 과정에 상상력을 발휘하여 가설을 세우고, 이에 맞는 마케팅 전략을 실행할 필요가 있다. 또한, 광고를 진행하여 얻은 피드백 데이터에서 감정을 읽어내 문제점을 추론하고 그에 대한 대응책을 마련해야 한다. 즉, **데이터를 통해 인간의 감정을 얼마나 정확히 읽어내는가**가 펀더멘털 운영의 핵심이다.

33

타깃 세그먼트의 본질

마케팅에서 소비자와의 커뮤니케이션은 '누구에게', '무엇을', '어떻게'의 3가지 요소로 이루어져 있다. 인터넷이 보급되기 전에는 이 3가지 영역을 모두 크리에이티브가 맡아야 했다.

'최근 기미가 신경 쓰이기 시작한 사람'을 타깃으로 설정했다고 가정해 보자. TV 같은 매체는 타깃을 나이, 성별, 취향 정도로만 구분할 수 있다. 예컨대 저녁 시간대에 방송되는 지역 밀착형 생활 정보 프로그램이라면, 주로 전업주부나 지역 생활에 익숙한 고령층이 시청자다. 그래서 광고도 이들에게 어필할 수 있도록 기획된다.

하지만 TV 광고는 그 이상 타깃을 세밀하게 좁히기 어렵고, 직접적으로 접근하기도 힘들다. 그래서 '기미로 고민하는 당신에게'라는 카피를 사용해, 많은 사람에게 광고를 보여주고 그중 반응하는 일부에게서 구매를 유도하는 방식이 일반적이었다.

또 다른 예로 20여 년 전만 해도 40~50대 중·고소득층 남성을 대상으로 할 때, 배경 음악으로 비틀즈의 곡을 사용하는 일이 많았다. 이 연령대는 대체로 영어에 익숙하고 비틀즈의 음악에 향수를 느끼는 경우가 많았기 때문이다. 이런 식으로 크리에이티브 안에 의도적인 장치를 넣어 타깃을 좁히고 반응을 유도한 것이다.

기미로 고민하는 사람이 대체로 40대라는 점을 고려해 40대가 주로 시청하는 프로그램에 광고를 내보내는 방식도 이와 같은 맥락이다. 물론 그 프로그램의 시청자 모두가 기미로 고민하는 것은 아니기 때문에 광고에는 그러한 일부가 반응할 만한 표현을 담아야 했다. 요컨대 과거의 마케팅에서는 '누구에게'라는 타깃 설정, 즉 '세그먼트 기능'을 크리에이티브가 대신 수행하고 있었다고 할 수 있다.

그러나 웹 매체는 기존 매체에 비해 타깃 설정, 즉 세그먼트 기능이 훨씬 정교해졌다. 예를 들어 '기미'라는 키워드를 검색한 사람에게 광고를 노출하는 검색 연동형 광고(리스팅 광고), '기미 관련 사이트를 방문한 사람'에게 자동으로 광고를 표시하는 디스플레이 광고 등을 통해 매우 세밀한 타기팅이 가능해졌다. 과거에는 크리에이티브가 담당했던 '누구에게'의 설정 기능을 이제는 웹 매체나 광고 설정 화면에서 훨씬 정밀하게 수행할 수 있게 된 것이다.

하지만 웹마케팅에서 발전한 것은 '누구에게'의 영역뿐이다. '무엇을'과 '어떻게'는 여전히 크리에이티브가 담당해야 할 몫이다. 그런데도 최근 '애드테크가 만능'이라는 착각에 빠져 크리에이티브를 소홀히 하는 사례가 늘고 있다. 타깃이 정교해졌다고 해도 크리에이티브가 부실하면 '무엇을'과 '어떻게'가 제대로 기능할 수 없다. 그 결과 웹마케팅의 효과는 오히려 기존 방식보다 떨어지게 된다.

애드테크는 인간의 업무를 대신하는 것이 아니라 더 정밀하게 수행할 수 있도록 도와주는 도구에 불과하다. 따라서 과도하게 기대하지 않도록 주의해야 한다. 예를 들어 최근 구글 등에서 AI가 자동 생성한 캐치프레이즈를 그대로 송출하는 경우가 많아졌다. 하지만 현재 AI는 아직 효과적인 문구를 만들어내는 능력이 부족하고, 전혀 관련 없는 키워드에 광고를 표시하는 오류도 자주 발생하고 있다.

따라서 웹 마케터는 프로답게 크리에이티브 제작에 더욱 신경 써야 하며, 어떤 키워드에 광고를 노출할지에 대해서도 세심하게 검토해야 한다.

33-1. 마케팅이 어긋나는 순간

'웹마케팅'은 그 이름에 '마케팅'이 포함된 것처럼 시장(마켓)을 이해하는 데서부터 출발한다.

이 상품이 속한 시장에는 어떤 특성이 있는지, 이 시장 안에서 해당 상품이 가지는 차별점은 무엇인지, 이 시장의 소비자들은 어떤 사람들인지 등을 꼼꼼히 분석해야 한다.

이런 분석 결과를 바탕으로 '누구에게', '무엇을', '어떻게' 전달할 것인지 전략을 세우고, 이를 웹의 애드테크에 녹여내는 과정을 거친다.

제조사가 광고대행사에 마케팅 업무를 위탁하는 경우 보통 제조사의 마케팅 담당자가 위와 같은 분석과 전략 수립 과정을 담당한다. 하지만 정작 애드테크에 적용하는 단계에 이르면, 애드테크는 잘 모르니까 전문가에게 맡기겠다며 손을 놓는 일이 많다.

이때 웹 광고대행사를 전문가로 판단하고 업무를 넘기는 경우가 많은데, 사실 이들은 '웹광고' 전문가이지 '마케팅' 전문가는 아니다. 제조사가 아무리 꼼꼼하게 세운 마케팅 전략이라도 대행사의 손에 넘어가는 순간 전략의 핵심이 희석되거나 완전히 초기화되는 경우가 비일비재하다. 예를 들어, 타깃과 핵심 소구점이 전혀 다른 '마스카라'와 '주름 개선 기능성 화장품'을 단순히 '화장품'이라는 하나의 카테고리로 묶어버리는 식의 오류가 발생하는 것이다. 이는 마치 희귀 모델인 '페라리 디노'와 '대중적인 경형 SUV'에 같은 판매 전략을 적용하는 것과 같다.

이런 문제가 생기는 이유는 사람이 세운 마케팅 전략을 제대로 이해하지 않고 애드테크가 제공하는 빅데이터 분석과 최적화에만 의존하기 때문이다. 물론 애드테크의 최적화 기술은 날로 발전하고 있으며 매우 편리한 것도 사실이다. 하지만 이 최적화의 작동 원리를 정확히 이해할 필요가 있다. 애드테크는 '상품 자체'를 최적화하는 것이 아니라 '특정 광고 소재나 LP'에 대한 최적화를 수행한다. 초기에 설정한 크리에이티브의 방향성에 따라 최적화의 결과가 완전히 달라지는 것이다.

애드테크의 최적화는 '어떤 방식으로 상품의 가치를 전달할 것인가'에 대한 초기 마케팅 전략이 확실히 설정되어야만 비로소 제대로 작동하는 시스템이다. 애드테크는 '마케팅 전략을 더 효과적으로 실행하기 위한 도구'이지, '마케팅 전략을 대신 세워주는 도구'가 아니라는 점을 반드시 기억해야 한다.

간단한 시장 분석조차 직접 하지 않고, 하나부터 열까지 애드테크의 머신러닝에만 맡긴다면 비용 대비 효율이 떨어져 수익성이 하락할 수 있다. 더구나 실제로 잘 팔릴 가능성이 충분한 상품도 최적화의 오류로 인해 시장 반응이 없는 상품으로 오판될 가능성도 있다. 이는 눈에 보이지 않는 막대한 기회손실로 이어진다.

제조사가 애드테크는 어렵고 복잡하다는 이유로 회피하는 한, 이런 기회손실이 발생하는 것은 피할 수 없다. 무조건 전문가에게 맡기기보다는 스스로 자사의 마케팅 전략을 애드테크에 직접 적용하고 관리할 수 있는 역량을 갖추는 것이 바람직하다.

대부분의 광고대행사는 '웹 마케터'가 아니라 단지 '웹광고 대행자'에 불과하다. 대행사 역시 자신들의 지식 부족이 클라이언트의 제품 전략을 망칠 수 있다는 위기의식을 가지고, 마케팅의 기본 원리에 대한 학습과 이해를 넓혀갈 필요가 있다.

34

세그먼트 설정의 올바른 접근법

기초화장품 광고를 기획하고 있다고 가정해 보자. 이때 '40대 여성'이나 'S시 거주'와 같은 데모그래픽 속성을 기준으로 하기보다는 '새로운 기초 화장품을 찾고 있는 사람', '최근 눈가 주름 때문에 고민인 사람'과 같은 사이코그래픽 속성을 기반으로 한 타기팅이 더 효과적이다.

그런데도 여전히 데모그래픽 속성을 중심으로 접근하는 이유는 TV나 신문 등의 기존 매체들이 주로 데모그래픽 속성을 기준으로 콘텐츠를 만들기 때문이다. 이를 별다른 고민 없이 웹광고에도 그대로 적용하면 자연스레 데모그래픽 기반 전략에 머무르게 된다.

하지만 웹 매체는 광고 노출 대상을 설정하는 초기 단계부터 소비자의 관심사나 취향을 세부적으로 설정할 수 있는 기능을 제공한다(그림10 참조).

웹 매체는 종이나 TV 같은 전통적인 매체와는 달리, '○○에 관심 있는 사람', '○○ 관련 사이트를 방문한 적 있는 사람', '○○라는 키워드를 검색한 사람' 등 개인의 성향이나 행동 패턴에 맞춘 세밀한 타기팅이 가능하다.

그뿐만 아니라, 웹광고는 여기서 더 나아간다. 실제로 광고를 노출한 뒤에 발생하는 다양한 소비자의 행동 데이터(광고 클릭 여부, 클릭 후 최종 구매 여부 등)를 광고 매체의 AI가 계속해서 수집하고 학습한다. 이 과정을 통해 어떤 특성을 가진 사람이 우리 제품을 구매할 가능성이 높은지 파악하고, 구매 가능성이 더 높은 사람에게 우선적으로 광고를 노출하도록 최적화한다. 이런 머신러닝 기반의 최적화는 대체로 약 20명 정도의 구매 데이터가 쌓이면 분석을 시작한다.

AI 기반의 최적화 기능은 매우 편리하지만, 주의할 점도 있다. 예를 들어 여성을 타깃으로 한 제품이라도 초반 20명의 구매자 중에 우연히 남성의 비율이 높았다면, AI가 해당 제품을 남성용 제품으로 잘못 판단할 수 있기 때문이다.

따라서 첫 20여 명 안팎의 구매 데이터가 쌓이는 시점까지는,

그림10 타기팅의 종류

기준	구분법
성별	남성, 여성
나이	생애주기로 구분
지역	행정구역 단위
장치	컴퓨터, 스마트폰, 태블릿
요일·시간대	요일 단위, 1시간 단위로 설정 가능
관심사 카테고리	특정 카테고리에 관심이 있는 인터넷 사용자
사이트 카테고리	특정 카테고리로 분류되는 사이트
검색 타기팅	인터넷 사용자의 검색 이력을 바탕으로 타기팅
사이트 리타기팅	웹사이트의 방문 이력을 바탕으로 타기팅

'우리가 의도한 핵심 타깃'이 실제로 광고에 반응하고 구매하도록 노출 세그먼트 설정과 크리에이티브 메시지를 신중하게 설계해야 한다.

애드테크를 최대한으로 활용하려면 사람의 꼼꼼한 준비와 명확한 초기 전략이 꼭 필요하다.

35

위치 정보 타기팅 사례

인터넷 광고의 중심이 컴퓨터에서 스마트폰으로 이동하면서 '위치 정보'가 매우 효과적인 마케팅 수단으로 떠올랐다. 예를 들어 특정 매장 근처를 지나가는 사람에게 푸시 알림으로 쿠폰을 발송하는 식의 '위치 정보 마케팅'이 가능해진 것이다.

내가 들은 사례 중 가장 인상 깊었던 위치 정보 마케팅 사례는 과테말라의 한 운동화 매장에서 있었던 일이다.

이 매장은 자사 매장 근처가 아닌 경쟁 매장의 주소를 광고 타깃 지역으로 설정했다. 그리고 고객이 경쟁 매장에 들어서는 순간, 그들의 스마트폰에 푸시 광고를 보냈다. 경쟁 매장에 방문한 고객은 운동화를 구매할 의사가 높은 이상적인 타깃이지만, 이미 매장 안에서 제품을 둘러보고 있는 상황에서 광고를 본다 해도 일부러 발길을 돌려 우리 매장까지 오게 만들기는 쉽지 않다. 이는 검색 연동 광고에서 경쟁사의 브랜드명을 키워드로 설정했지만 기대만큼 효과를 내지 못하는 경우와 비슷하다. 즉, 이런 식의 광고가 항상 성공하는 것은 아니라는 뜻이다.

그런데 이 운동화 매장의 전략은 크게 성공했다. 왜일까? 바로 광고의 내용이 기발했기 때문이다. 광고 내용은 다음과 같다.

"지금 바로 여기서 ○미터 떨어진 저희 매장으로 오시면 100% 할인해 드립니다! ※단, 할인율은 1초마다 1%씩 감소하니 서두르세요!"

이 광고를 본 고객들은 망설일 겨를도 없이 바로 달려갔다. 어떻게든 100초 안에 도착해서 파격적인 혜택을 놓치지 않기 위해서였다.

흔히 웹광고의 최신 송출 기술에만 주목하기 쉽지만, **광고의 성패는 80% 이상이 '내용'에 달려 있다. 단순히 '위치 정보를 활용한 최신 광고 송출 기술'만으로는 큰 효과를 기대하기 어렵다. '최신 기술'에 '지혜'를 결합할 때 비로소 강력한 시너지가 발휘되는 것이다. 아무리 최신 기술을 잘 알고 있어도 활용할 지혜가 없다면 그 기술은 쓸모없는 장식품에 불과하다.**

최신 기술에 대한 이해는 물론, 끊임없이 아이디어를 고민하고 발전시키는 노력이 있어야 앞서 소개한 사례처럼 입체적이고 효과적인 프로모션을 기획할 수 있다.

36

광고를 '귀찮은 것'이 아니라 '유용한 정보'로 만드는 방법

타기팅이 정확히 이루어진다면 광고는 소비자에게 매우 '유용한 정보'가 된다.

광고 제작 경험이 적은 초보자 중에는 잘못된 전제하에 광고를 만드는 경우가 있다. 소비자가 광고를 귀찮게 여기리라 생각하는 것이다. 그러나 이는 분명한 오해다.

광고가 '귀찮은 것'으로 여겨질지, 아니면 '유용한 정보'로 받아들여질지는 그 내용이 '소비자에게 필요한 것인가'에 달렸다. 타깃을 명확히 정의하고 그들에게 직접 도달할 수 있도록 정교하게 세그먼트를 설정한다면, 소비자는 광고를 유용한 정보로 인식하게 된다.

만약 웹광고가 귀찮다고 느꼈다면 그것은 단지 '자신에게 필요 없는 정보'이기 때문이다. 하지만 모든 사람이 다 똑같은 것은 아니다. 그 정보가 필요한 사람에게는 바로 그 광고가 매우 유익한 콘텐츠인 셈이다.

예를 들어 남성 소비자에게는 화장품이나 패션 광고가 무의미하게 보이겠지만, 여성 소비자에게 이런 광고는 오히려 반갑고 유용한 정보다. 실제로 새로운 광고가 뜰 때마다 기꺼이 클릭하며 광고가 제공하는 정보를 즐겨 보는 소비자들도 많다. 특히 인기 브랜드의 신상품 출시 광고는 팬들에게 아주 중요한 정보로서 큰 가치가 있다.

또 다른 예로, 채용 정보 사이트는 수많은 구인 '광고'로 이루어져 있지만, 그 사이트를 방문한 사람들은 누구도 구인 광고가 귀찮다고 여기지 않는다. 오히려 자신에게 필요한 정보를 찾기 위해 적극적으로 이용한다.

따라서 광고를 제작할 때는 꼭 '타깃 세그먼트를 정확히 설정'하고, '타깃이 정말 필요로 하는 유용한 콘텐츠를 제공'하겠다는 마음가짐으로 만들어야 한다.

광고가 귀찮게 느껴진다면 그것은 타깃과 제품의 가치에 대한 이해가 부족하기 때문이다. 이는 제품을 아끼는 사용자와 제품 자체에 대한 모독이나 다름없다.

광고 제작자는 스스로가 타깃의 입장에서 공감하고 제품의 가치에 깊이 매료되어야 한다. 이 제품의 매력을 꼭 알리고 싶다는 진심이 담겨야만 소비자의 마음을 움직일 수 있다.

웹 매체는 완벽하지 않지만, 다른 어떤 매체보다 타깃에게만 정확히 광고를 노출하는 능력이 뛰어나다. 따라서 웹광고는 소비자에게 **'유용한 정보(콘텐츠)'로서의 가치와 '광고(커머셜)'로서의 목적을 동시에 달성하는 '콘텐츠 커머셜(Content Commercial)'** 로 만들어져야 한다.

타깃을 정확히 이해하고 그들에게 필요한 내용을 담아 세밀하게 설정된 세그먼트에만 광고를 배포하는 과정이 잘 이루어질 때, 광고는 소비자에게 환영받는 '유용한 정보'가 될 수 있다.

진정한 마케터라면 소비자가 귀찮아하는 광고가 아니라 유용하고 가치 있는 광고를 만들 수 있어야 한다.

FUNDAMENTALS

×

TECHNICALMARKETING

제2부

테크니컬
마케팅의
핵심 비법

1장 테크니컬 크리에이티브
광고를 최적화하는 방법

테크니컬 크리에이티브란 이미 집행된 광고에 대한 고객의 반응 데이터를 분석하여 크리에이티브를 최적화하는 작업을 의미한다.

좁은 의미로는 자사가 집행한 광고의 성과 데이터를 기반으로 개선하는 방법을 뜻하며, 대표적인 방법으로는 앞서 여러 번 등장한 바 있는 'AB 테스트'가 있다. 반면에 넓은 의미로는 자사 데이터뿐만 아니라 광고대행사 등을 통해 확보한 경쟁사의 데이터를 활용하여 '성공 패턴'을 구축하는 것을 말한다.

이 방식은 막연한 추측이나 감에 의존하는 대신 실제 고객의 반응을 근거로 광고를 제작하기 때문에 매우 효과적인 접근법으로 평가받고 있다. 그러나 이런 기술적인 접근에 지나치게 집중한 나머지 오히려 시장이 축소되거나 잠재적인 기회를 놓치는 부작용이 발생한다는 사실을 많은 이들이 간과하고 있다.

이 장에서는 테크니컬 크리에이티브의 올바른 실행법과 주의해야 할 점들을 알아본다.

37

착안법과 고충법

테크니컬 크리에이티브에는 크게 '착안법'과 '고충법'이라는 2가지 접근법이 있다. 이는 상품 컨설턴트의 일인자인 이부키 다쿠 씨가 제창한 아이디어 발상법을 크리에이티브 제작에 적용한 것이다.

'착안법'이란 다른 기업이나 개인이 성공한 방식을 분석하여 자사에 도입하는 방법이다. 광고업계에서는 동종 업계뿐만 아니라 다양한 분야에서 성공한 사례를 참고하여 힌트나 아이디어를 얻고, 이를 자사 제품에 맞게 변형하여 크리에이티브를 제작하는 것을 말한다. 세상에는 놀라운 성과를 거둔 광고들이 많으므로 적극적으로 배우는 자세가 필요하다.

다만, 단순히 표면적인 요소만 흉내 내는 것이 아니라, 해당 광고가 성공한 이유를 분석하여 자사의 상황에 맞게 재구성해야 한다. 그렇지 않으면 유명한 영화를 어설프게 따라 한 'B급 영화'가 될 뿐이다. 자칫 단순한 흉내 내기에 그치거나 메시지나 타깃이 잘못 설정되어 기대한 성과를 얻지 못할 수도 있다.

반면에 '고충법'은 고객의 불만이나 부정적인 반응을 적극적으로 수용하고 개선하는 데 초점을 맞춘다. 광고를 집행한 뒤 클릭률, 전이율, 구매율 등의 데이터를 분석하여 문제가 되는 부분을 찾아 개선하는 것이다. 이 방법은 실제 고객의 반응을 토대로 진행하기 때문에 개선 포인트를 명확히 알 수 있고, 개선 효과도 빠르게 나타난다. 다만 어디까지나 '처음 선보인 크리에이티브'를 개선하는 데 그치므로, 애초에 제작된 크리에이티브가 뛰어나지 않으면 큰 성공을 거두기 어렵다는 단점이 있다.

38

착안법

'형식지'와 '암묵지'의 차이

지식과 노하우는 수치나 기호로 표현할 수 있는 '형식지'와 개인의 감각이나 숙련된 기술처럼 명확히 표현하기 어려운 '암묵지'로 구분된다.

형식지로 만들 수 있는 지식과 노하우는 철저히 시스템화하고 매뉴얼화하여 루틴 작업으로 정착시켜야 한다. 그리고 이 탄탄한 기반 위에 암묵지에 해당하는 개인의 감각이나 전문성을 더해 수준 높은 결과물을 만들어내는 것이 이상적이다.

그러나 IT 기업은 대부분 형식지의 시스템화나 체계화에는 능숙하지만, 암묵지의 가치를 가볍게 여기는 경향이 있다. 암묵지가 축적되지 않으면 경쟁사와 차별화하지 못하고 결국 비슷해진다. 한편, 전통적인 기업은 형식지의 시스템화를 소홀히 하고 암묵지에만 의존한 결과, 기업마다 성과의 편차가 크게 나타나기도 한다.

소위 말하는 '대박'은 '보편성을 추구하는 형식지'가 아니라, '개인의 감각과 창의성을 중시하는 암묵지'에서 탄생한다. 형식지로 꾸준히 작은 성공을 거두는 것은 가능하지만, 그 자체만으로 폭발적인 성공은 보장할 수 없다. 물론, 작은 성공이 여러 번 쌓이면 한 번의 대박보다 더 큰 성과를 이루기도 한다.

중요한 점은 형식지와 암묵지의 특징과 차이를 이해하고, 양쪽을 모두 능숙하게 활용하는 것이다. **크리에이티브의 경우 암묵지는 펀더멘털 크리에이티브에서, 형식지는 테크니컬 크리에이티브에서 만들어진다.** 착안법을 실행할 때 가장 먼저 해야 할 일은 타사의 성공 사례를 분석하여 자사에서도 활용할 수 있는 형식지로 만드는 작업이다.

39

착안법

타사 광고를 분석하는 방법

누구나 스마트폰에서 본 광고를 클릭해 본 경험이 있을 것이다. 이때 이 광고를 클릭한 이유를 객관적으로 분석해 보는 습관을 들이면 좋다.

분석 포인트는 다음 3가지이다.

① 이 광고에 시선이 멈춘 이유는 무엇인가?

웹페이지의 주된 내용은 콘텐츠이고 광고는 부가적인 요소이다. 그런데도 이 광고에 눈길이 간 이유는 무엇인가?

이미지의 색감이 강렬했기 때문인가?

캐치 카피에 쓰인 생소한 문구 때문인가?

② 광고 문구를 읽게 된 이유는 무엇인가?

광고를 보는 데서 그치지 않고 내용을 읽게 된 이유는 무엇인가?

첫 줄의 문구가 흥미를 자극했기 때문인가?

눈길을 사로잡은 이미지가 정확히 무엇인지 궁금했기 때문인가?

③ 광고를 클릭한 이유는 무엇인가?

광고 문구를 읽고 난 뒤 클릭까지 하게 된 이유는 무엇인가?

광고를 보고 제품에 흥미가 생겨서 가지고 싶어졌는가? 그렇게 느낀 이유는 무엇일까?

혹은 광고 내용이 충분하지 않아 더 알고 싶어졌기 때문인가?

이렇게 단계별로 자신이 반응한 이유를 생각해 보고, 그 이유가 자사의 제품이나 서비스에도 적용할 수 있는지 판단한다. 만약 적용하기 어렵다면 그 분석은 과감히 버린다. 예를 들어 시선이 멈춘 이유가 '유명 브랜드였기 때문'이라면, 인지도가 낮은 자사 제품에는 적용할 수 없기 때문이다.

이런 분석을 일상생활에서 꾸준히 반복하다 보면, 소비자의 '시선을 끌고 → 광고를 읽게 하고 → 클릭하게 만드는' 감각과 기술을 자연스럽게 키울 수 있다.

40

착안법

성공 사례 활용의 주의점

과거에 클릭률이 매우 높았던 화장품 광고를 본 어느 담당자가 있었다. 그는 해당 광고를 분석한 뒤, 화장품 광고는 제품 용기보다 바르는 부위를 보여주는 편이 클릭률이 높아진다는 결론을 내렸다. 그리고 그 후 모든 크리에이티브를 '바르는 부위'가 전면에 드러나도록 제작했다.

하지만 결과는 처참했다. 소비자들이 새롭게 바꾼 광고를 전혀 클릭하지 않은 것이다. 성공한 공식을 적용했는데도 반응이 없다는 사실에 담당자는 크게 실망했다. 결국 그는 가망이 없다고 판단하여 제품 출시를 포기했다.

이 사례는 명백한 판단 오류에서 비롯된 것이다. 이렇게까지 단순하게 생각하는 사람은 드물겠지만, 모두가 은연중에 비슷한 함정에 빠질 수 있다.

내가 보기에, 첫 번째 광고가 성공한 원인은 바른 부위를 강조했기 때문이 아니라 바른 부위의 사진이 생기 있고 촉촉해 보이는 시즐감(sizzle感, 오감을 자극하는 생생한 느낌)을 잘 살렸기 때문이다. 여성 직원에게 물어보니 배경의 색감이나 모델의 스타일링 등이 최신 유행을 잘 반영했기 때문이라는 의견도 있었다.

이처럼 성공 요인에 대한 해석은 사람마다 제각각이고 광고를 보는 관점도 모두 다르다. 어느 해석이 정답인지는 다양한 테스트를 해봐야 알 수 있다. 어찌 되었든 타사의 성공 요인을 섣불리 단정 짓거나, 전략이 통하지 않는다고 해서 상품성을 속단하는 것은 옳지 않다. 성공의 이유는 그렇게 간단하지 않기 때문이다.

앞서 이야기했듯이 남성은 색상을 7가지 정도로 구분하지만 여성은 29가지로 구분한다는 연구 결과도 있다. 이처럼 성별에 따른 인식 차이도 존재하며 개개인의 관점 또한 다양하다. 따라서 성공 요인을 분석할 때는 성별과 성향이 다른 여러 사람의 의견을 종합하여 검토하는 것이 중요하다.

41

착안법

글이 많고 긴 LP의 장점

그러나 여성이 남성보다 감성이 풍부하다는 이유로 무조건 여성의 관점에만 맞추는 것도 문제가 될 수 있다. 구매율이 낮은 LP를 한 여성에게 보여주고 의견을 구하자, "여성 소비자는 직관적으로 판단하기 때문에 이렇게 글이 많고 긴 LP는 읽지 않아요. 사진과 삽화를 중심으로 짧게 구성하는 편이 더 좋아요"라는 대답이 돌아왔다. 다른 여러 여성에게 확인해도 비슷한 의견이었다.

이 의견을 바탕으로 LP의 텍스트를 대폭 줄이고 사진과 삽화 위주로 짧게 재구성했다. 내가 보기에는 비주얼 요소가 추가되

긴 했지만 설명이 부족해서 소비자에 대한 설득력이 떨어질 것 같았다. '과연 이 LP를 보고 소비자들이 충분히 이해하고 구매해 줄까?' 반신반의하며 수정한 LP를 실제 광고에 적용해 보았다.

예상했던 대로 CVR은 오히려 더 떨어졌다. 처음에 의견을 준 여성에게 이유를 묻자, "제품의 매력이 부족해서가 아닐까요?"라고 대답했다.

며칠 뒤, 그 여성이 인터넷 쇼핑을 했다길래 구매한 제품의 LP를 보여달라고 했다. 놀랍게도 그 LP의 본문은 처음 문제가 되었던 '글이 많고 긴 LP'보다 훨씬 길었다. 내가 "글이 긴 LP는 안 읽는다면서요?"라고 묻자, 그녀는 이렇게 대답했다. "이 LP는 글이 재미있어서 끝까지 읽게 되더라고요. 다 읽고 나니 충분히 납득이 가서 구매하게 됐고요."

결국 문제는 '글이 길어서 안 읽는 것'이 아니라, '지루한 글이라서 안 읽는 것'이라는 지극히 당연한 사실이었다. 이 사례는 성별과 무관한 일이었지만 '여성은 ○○하니까'라는 전제가 붙자 나는 남성이라는 이유만으로 상대의 의견을 별다른 의심 없이 받아들이고 말았다. 단지 그것이 여성을 타깃으로 한 제품이라는 이유에서였다. 다른 사람의 의견을 경청하는 것은 중요하지만, 스스로 충분히 이해하지 못한 상태에서 실행에 옮긴 것이 잘못이었다.

내 경험상, 끝까지 잘 읽히는 LP는 글이 짧은 경우가 많다. 하

지만 실제로 구매율이 높은 LP는 오히려 글이 길고 상세하다. 다시 말해 '글이 많고 긴 LP'는 끝까지 읽히기 어렵지만, 일단 끝까지 읽기만 하면 구매로 이어질 확률이 높다는 뜻이다.

LP를 제작할 때는 글이 길더라도 소비자가 끝까지 읽을 수 있도록 구성과 흥미 유발에 집중하는 것이 중요하다.

42

착안법

대기업을 무작정 따라 하면 안 되는 이유

착안법을 활용할 때는 어떤 광고를 참고하는지가 중요하다. 핵심 포인트는 2가지다. '실제로 성공한 광고인가?'가 첫 번째이며, 그보다 더 중요한 것은 **'성공 요인을 나름대로 분석하고 이해했는가?'**이다.

'성공한 광고'라는 점에만 주목하면 실패할 확률이 매우 높다. 특히 유명한 대기업의 광고를 무작정 따라 하는 것은 위험하다. 유명 화장품 대기업과 똑같은 콘셉트의 제품과 LP를 만든다고 해서 같은 결과를 얻을 수 없는 것과 마찬가지다. 비슷한 제품과 LP라면 소비자는 당연히 인지도 높은 대기업 브랜드를 선택하기 때문이다. 인지도가 낮은 중소 브랜드는 대기업과 같은 방식을 추구하는 것이 아니라 차별화에 초점을 맞춰야 살아남을 수 있다.

따라서 광고대행사의 "이것이 바로 화장품 LP의 성공 공식입니다. 유명 브랜드도 사용하는 방식이니 확실합니다"라는 말을 섣불리 믿어서는 안 된다.

기존의 성공 사례를 모방하는 방식이 효과적인 경우는 시장이 성장하고 있을 때다. 시장 자체가 커지고 있을 때는 앞서가는 기업을 따라 하면 그 흐름에 편승하여 함께 성장할 수 있다. 하지만 시장이 성숙기에 접어들면 동질화가 아닌 차별화를 통한 경쟁력을 갖추어야 한다.

성숙기 시장에서 대기업의 성공 사례는 '따라 해야 할 사례'가 아니라 오히려 '피해야 할 사례'일 수 있다. 중소기업은 대기업의 방식을 무작정 옳다고 여기지 말고, '대기업이 하고 있으니 우리는 다르게 가야 한다는 관점'이 필요하다.

경영전략 이론인 '란체스터(Lanchester) 전략'에 의하면, 약자가 강자에게 도전할 때는 차별화를 추구하고, 강자가 약자를 압도하려 할 때는 동질화를 추구하여 시장을 장악하는 것이 철칙이다. 후발 기업이 대기업을 그대로 따라 하는 것은 이 전략에 어긋나는 방식이며 성공 확률도 매우 낮다.

43

고충법

AB 테스트의 올바른 실행법

앞서 여러 번 등장한 'AB 테스트'는 '고충법'의 대표적인 방법으로, 광고를 최적화하기 위한 수단 중 하나다. 구체적으로는 서로 다른 2가지 버전의 광고를 동시에 노출하여 어느 쪽의 클릭률이 더 높은지 알아보거나, 같은 광고에 대해 2가지 버전의 웹페이지를 무작위로 보여주어 어떤 페이지의 구매율이 더 높은지 등을 비교하는 테스트를 말한다.

AB 테스트를 올바르게 실행하려면 '무엇을 말할 것인가?'와 '어떻게 말할 것인가?'의 차원을 명확히 구분해야 한다. 이를 혼동하면 테스트 결과를 정확히 분석하고 해석할 수 없다. 애초에 비교 대상이 다르기 때문이다.

이어서 올바른 AB 테스트의 실행 방법이 무엇인지 자세히 알아보자.

43-1. '무엇을 말할 것인가?'의 관점에서 AB 테스트를 하는 방법

어떤 플리스 제품 광고의 카피로 AB 테스트를 진행한다고 가정해 보자. 제품의 주요 특징이 '가벼움'과 '따뜻함'일 때, 어느 쪽을 강조하는 편이 더 클릭률이 높을지 알아보는 것이다.

입은 것을 잊어버릴 만큼 가벼운 플리스

VS

계절을 착각할 만큼 따뜻한 플리스

여기서 우리는 이 테스트가 표현 방식이 아니라 콘셉트를 정하기 위한 것이라는 점에 유의해야 한다. 만약 표현력이 너무 뛰어나면, 콘셉트가 더 나은 쪽이 아니라 표현이 더 나은 쪽을 클릭하게 될 수 있다. 따라서 테스트할 소재 3~5개의 표현 수준은 꼭 비슷하게 맞춰두어야 한다.

'무엇을 말할 것인가?'를 테스트할 때는 상품, 소비자, 경쟁사를 철저히 조사하여 100가지 소재를 우선 선별한다. 그중에서 엄선한 3~5개의 소재를 가지고 AB 테스트를 진행하는 것이다. 만약 기준치를 초과한 성과를 낸 소재가 있다면 그것을 정답으로 하고, 그렇지 않다면 남은 소재 중에서 다시 3~5개를 엄선하여 테스트를 반복한다.

절대로 그 자리에서 떠오른 몇 가지 아이디어만으로 테스트하고, 그중에서 가장 수치가 나은 것을 정답으로 삼아서는 안 된다. 100가지 중에서 살아남은 소재와 즉흥적으로 만든 소재의 경쟁력 차이는 굳이 설명할 필요 없이 명확하다.

'무엇을 말할 것인가?'를 정하는 것은 상품의 콘셉트를 정하는 일이다. 따라서 사전조사를 철저히 하고 많은 아이디어를 발굴하는 과정이 중요하다. 소비자의 유형별로 광고 카피를 작성하는 방법은 제1부 5장에서 소개하였으니 꼭 활용하기를 바란다.

43-2. '어떻게 말할 것인가?'의 관점에서 AB 테스트를 하는 방법

'무엇을 말할 것인가?'를 정하기 위한 AB 테스트에서 '가벼움'이 지지를 받았다고 가정해 보자. 이제 이 가벼움이라는 특징을 어떻게 표현해야 더 높은 클릭률을 얻을 수 있는지 확인해야 한다.

입은 것을 깜빡할 정도로 가벼운 플리스

VS

기적의 200g, 스마트폰 1개 무게의 플리스

이때도 2~3개의 후보만 가지고 진행하지 말고, 최소한 10개 정도를 준비한 다음 가장 자신 있는 것부터 내보내야 한다.

AB 테스트는 비용이 드는 작업이다. 테스트를 반복할수록 그 결과로부터 얻을 수 있는 이익이 크지 않으면 손해다. 비록 여러 번 테스트 비용을 들여 정답을 찾았다 할지라도, 소비자들은 금세 광고에 피로를 느낄 수 있다. 요즘처럼 광고 피로도가 높은 시대에서는 최소한의 테스트로 최적의 결과에 도달하는 것이 중요하며, 이것이 크리에이터의 실력을 말해준다.

인터넷 통신판매와 인터넷 광고 컨설팅으로 유명한 '우레루넷 광고사'는 "AB 테스트의 결과야말로 정의"라고 말하지만, 이를 안이하게 받아들여서는 안 된다. 그들이 하는 AB 테스트는 이미 수많은 실험을 거쳐 축적된 노하우가 담긴 크리에이티브로 진행되기 때문이다. 초보자가 큰 고민 없이 만든 크리에이티브로 AB 테스트를 하는 것과는 근본적으로 다를 수밖에 없다.

AB 테스트는 고심하여 만든 크리에이티브 중에서 가장 뛰어난 하나를 찾는 과정이다. **AB 테스트는 '최고의 크리에이티브'를 2개 이상 만들 수 있는 사람에게만 허락된 특권**이라고 할 수 있다.

43-3. 세계에서 가장 유명한 AB 테스트

전 미국 대통령 버락 오바마가 진행한 AB 테스트의 사례를 소개한다. 이 테스트는 '무엇을 말할 것인가?'의 관점에서 진행된 것이다.

오바마는 온라인에서 선거 자원봉사자를 모집할 때, 그림11과 같이 여러 개의 메인 비주얼과 문구를 준비하여 AB 테스트

그림11 버락 오바마가 대통령 선거에서 진행한 AB 테스트

출처: Opitimizely(https://www.optimizely.com/insights/blog/how-obama-raised-60-million-by-running-a-simple-experiment/)

를 진행했다. 접속한 사용자에게 무작위로 이미지를 보여줌으로써 지지자의 이메일 주소를 가장 효율적으로 수집할 수 있는 패턴이 어느 것인지 검증한 것이다. 실제로는 이미지 3개와 영상 3개, 'SIGN UP', 'LEARN MORE', 'JOIN US NOW', 'SIGN UP NOW'라는 4개의 버튼 문구를 준비하여 총 24가지 조합을 테스트했다.

여기서는 AB 테스트의 핵심을 알아보는 것이 목적이므로, 위 3가지 이미지를 내 나름대로 해석하여 설명하려고 한다.

이 테스트의 목적은 단순히 사용자의 선호를 조사하는 것이 아니라, '가설'을 세우고 그 가설의 타당성을 검증하는 것이다.

그것을 전제로 그림11의 3가지 후보를 가설별로 나누면 다음과 같다.

가설 ① 대통령에게 바라는 것은 '따뜻한 애정'이다. 그러므로 화목해 보이는 가족사진 A를 사용해야 한다.

가설 ② 대통령에게 바라는 것은 '지도력'이다. 그러므로 싸우는 리더상을 이미지화한 사진 B를 사용해야 한다.

가설 ③ 새로운 정치에 바라는 것은 '우리(유권자)의 목소리가 전달되는 것'이다. 그러므로 'GET INVOLVED(참여하자)'라는 캐치프레이즈를 사용해야 한다.

가설 ④ 새로운 정치에 바라는 것은 '지금까지의 여러 불만스러운 상황이 바뀌는 것'이다. 그러므로 'CHANGE(변혁)'라는 캐치프레이즈를 사용해야 한다.

먼저 ①과 ②의 가설 중 어느 쪽이 옳은지 보기 위해 '캐치프레이즈는 같고 사진이 다른' A와 B의 비교 테스트를 진행한다. 다음으로, 가설 ③과 ④ 중 어느 쪽이 옳은지 보기 위해 '사진에는 오바마 한 사람만 등장하고 캐치프레이즈가 다른' B와 C의 비교 테스트를 진행하여 반응을 확인한다.

최종적으로 클릭률이 가장 높았던 것은 A로, '오바마의 가족사진'과 'CHANGE(변혁)'라는 카피의 조합이었다(버튼 문구는 'LEARN MORE').

이 테스트는 단순한 선호도 조사가 아니다. '국민이 대통령에게 바라는 점', '유권자가 정치에 바라는 점'에 대한 가설을 세우고, 그에 맞는 사진과 카피를 통해 가설을 검증한 것이다. 여기서 도출해야 할 결론은 '가장 반응이 좋았던 것은 A'가 아니라, '미국 국민은 대통령에게 따뜻한 애정을, 정치에는 변화를 원하고 있다는 사실'이다.

가설을 세우지 않았다면 사람들은 아이가 찍힌 사진을 선호한다거나 캐치프레이즈는 한 단어가 좋다는 등의 엉뚱한 결론에 이를 수 있다. 이 시점에서는 정말로 미국 국민이 따뜻한 애정과 변혁을 원해서 클릭한 것인지 명확히 알 수 없다. 하지만 비슷한 테스트를 반복함으로써 가설이 점차 확신으로 바뀌고, '배너 사진은 어떤 것이 좋을까?'와 같은 저차원적인 이야기에서 '대통령 선거는 어떻게 싸워야 하는가?'라는 고차원의 전략을 얻을 수 있다.

AB 테스트를 올바르게 사용하면 선거전을 바꾸고 당선되는 대통령을 바꾸며, 나아가 국가의 행방을 바꾸어 갈 수도 있다.

참고로 오바마 캠프는 이 AB 테스트로 약 6천만 달러의 추가

기부금을 확보했다고 한다. 캐치 카피나 이미지를 교체하는 등의 수정은 테스트에 익숙한 사람이라면 1시간 정도로 대응할 수 있는 일이다. 즉, 이 테스트가 가져온 효과는 '1시간에 6천만 달러'라 해도 과언이 아니다. 이는 AB 테스트의 중요성과 가치를 세계에 알린 대표적인 사례로 평가받고 있다.

44

고충법

AB-X 테스트를 활용한 개선

AB-X 테스트는 AB 테스트의 진화형이다.

AB 테스트는 편리한 방법이긴 하지만, 종종 잘못된 방식으로 사용되기도 한다. 예를 들어 A, B, C라는 3개의 광고 중에 성과가 가장 좋은 것을 무조건 '정답'으로 보는 것이다. 그러나 현실에서는 주문당 비용(CPO)이 채산성에 못 미치는 등의 이유로 모든 시안이 '오답'인 경우도 흔하다. 그럴 때는 그나마 성과가 나은 광고를 기준 삼아 개선을 시도하곤 한다. 약간의 수정으로 해결된다면 다행이지만, CTR이나 CVR을 최소 2~3배 이상 끌어올려야 목표를 달성할 수 있는 상황이라면 광고를 조금 손보는 것만으로는 도저히 해결되지 않는다.

이럴 때는 아예 새로운 개념의 X, Y, Z를 만들 필요가 있다. 원래는 고객획득단가 등의 목표 수치를 명확히 정한 다음, 이를 달성한 광고 중에 최적의 시안을 가려내야 한다. 모두 머리로는 알고 있을 테지만 AB 테스트라는 이름 때문인지 아무래도 눈앞에 나열된 A, B, C의 성과만 놓고 판단하게 된다. 그래서 일부러 'X'를 붙여 'AB-X 테스트'라 부르고 다른 옵션인 X, Y, Z의 존재를 염두에 두게 한다. 작은 차이지만 이 사소한 의식 부여가 중요하다.

AB-X 테스트는 A, B, C 중에서 선택할 것인가, 아니면 새롭게 X, Y, Z를 만들어야 하는가를 동시에 판단하는 방법이다. 이를 실시하려면 반드시 '목표 수치'를 설정해야 한다. 목표 수치는 구체적으로 '상한 비용'을 의미하며, 이 수치가 없으면 X의 작성 여부를 판단할 수 없다.

광고 제작 시에는 CVR이 과제일 때도 있고 CTR이 과제일 때도 있다. 상한 비용이 정해져 있다면 클릭당 비용(CPC)으로부터 필요한 CVR을 역산할 수 있으므로, A, B, C 중 목표 CVR을 달성한 광고가 있다면 채택하고, 없다면 X, Y, Z를 새로 제작해야 한다. 목표 CVR을 크게 밑돌고 있는 상황에서 A, B, C 중 어느 것이 가장 좋았는지, 왜 좋았는지 등을 분석하는 것은 의미가 없다. 이 광고들은 과감히 버리고 새롭게 접근해야 한다.

45

고충법

울프 치프의 법칙

애니메이션 「사무라이 자이언츠」에는 '울프 치프'라는 아메리카 원주민 캐릭터가 등장한다. 그는 달리는 들소 떼를 향해 "이렇게 많으니 아무나 맞겠지"라며 창을 던지지만, 결국 한 마리도 맞히지 못한다. 장로는 그에게 "무리 전체를 향해 창을 던지면 어느 것에도 꽂히지 않는다. 무리는 한 마리 한 마리의 집합이고, 그들은 각각 다르게 움직인다. 한 마리를 겨냥해서 그 녀석을 향해 있는 힘껏 창을 던져야 한다"라고 충고한다.

크리에이티브도 마찬가지다. **타깃을 제대로 파악하지도 않고 "누군가는 사겠지"라는 마음으로 만들면 아무도 반응하지 않는다.** 대충 만든 광고로 AB 테스트를 진행하고, "하나쯤은 들어맞겠지" 하고 기대했다면 절대 그럴 일은 없다.

되는 대로 던진 창은 손목의 움직임, 각도, 속도도 제멋대로다. 만약 우연히 들소에 맞아도 튕겨 나가 꽂히지는 않는다. 목표물을 맞히려면 한 마리를 겨냥하여 온 힘을 다해 던져야 한다.

따라서 AB 테스트를 할 때도 각 광고를 반드시 성공시키겠다는 의지로 만들어야 한다. 아무렇게나 만든 광고를 내보내서 고객에게 골라달라고 하는 것은, 던져놓은 창에 동물이 스스로 맞아주기를 기대하는 것과 같다. 그런 광고가 성과를 내기는 어렵다. 항상 명확한 목표와 진정성을 담아 광고를 만들어야 좋은 반응을 얻을 수 있다.

신규 사업이나 신제품 출시도 마찬가지로, 많은 시도를 무작정 해보는 것보다는 우선순위를 정해 소수의 프로젝트에 집중하는 편이 훨씬 효과적이다. 세상은 오직 '온 마음을 다한' 노력만이 성공하는 곳이다. 그것이 내가 오랫동안 비즈니스를 해오면서 깨달은 교훈이다. 먼저 진심이 담긴 광고를 하나 만들어보자. 그리고 같은 작업을 10번 반복하여 10개의 광고를 만든다. 그 10개 중 하나가 성공하면 마침내 '대박 난 광고'를 만드는 크리에이터가 되는 것이다.

46

광고 조정의 판단 기준과 그 방법

크리에이티브를 데이터 기반으로 조정할 때는 명확한 기준을 가지고 단계적으로 판단해야 한다.

예를 들어 CPO가 상한선을 초과했을 때는 CVR을 개선해야 한다. 고객이 광고를 클릭했는데도 구매로 이어지지 않았다면,

클릭을 유도했던 광고의 내용과 LP의 내용이 일치하지 않았을 가능성이 높다. 즉, 광고와 LP 사이에 메시지의 일관성이 부족했거나 광고에는 이끌렸지만 LP의 품질이 낮아 구매로 이어지지 않은 것이다.

따라서 CVR을 높이기 위해서는 광고 문구를 LP에 맞추거나, 반대로 LP를 광고 문구에 맞게 조정해야 한다(중간에 BLP 등이 있는 경우에는 페이지 전이율을 높이는 것도 효과적인 방법이지만, 본문에서는 설명을 단순화하기 위해 생략한다).

다만 모든 문제가 개선으로 해결되는 것은 아니다. 앞서 소개한 AB-X 테스트처럼 전혀 다른 접근법을 고려해야 할 때도 있다. 광고와 LP의 조합을 유지할지 폐기할지는 다음 2가지 상황에 따라 판단한다.

【구매가 발생한 경우】

구매가 발생한 경우는 실제 CVR 성과를 기준으로 판단한다.

① 이번 캠페인의 CVR은 0.3%였다고 가정한다.

② 다음으로, 채산성이 맞는 최소 CVR을 계산한다.

예를 들어 상한 CPO가 10만 원, CPC가 1,000원이라면 채산성 확보를 위해 필요한 최소 CVR은 1%다. 현재 CVR이 0.3%라면 약 3.3배의 개선이 필요하다는 뜻이다.

이처럼 크리에이티브 조정을 고려할 때는 필요한 개선 수치를 명확히 인식해야 한다. 이번 사례에서는 '현재 CVR의 3.3배'라는 구체적인 수치가 확인되었다.

이 수치가 현실적으로 달성 가능한가? 광고와 LP를 다시 검토하여 개선의 여지가 보인다면 조합을 유지한 채 조정을 시도할 수 있다. 반대로 개선 가능성이 희박하다면 과감히 조합을 폐기한다.

【구매가 발생하지 않은 경우】

구매가 전혀 발생하지 않은 경우는 CVR의 분모가 0이 되므로 계산할 수 없다. 따라서 다음 기준으로 판단한다.

① 우선 채산성이 맞는 목표 CVR을 확인한다.

② 다음으로, 해당 광고 매체에서 이 제품의 평균 CVR을 확인한다.

예를 들어 상한 CPO가 10만 원이고, CPC가 1,000원이라면 필요한 CVR은 최소 1%다. 이때 평균 CVR이 2%라면, 절반만 달성해도 채산성이 맞기 때문에 개선 가능성이 높다고 판단할 수 있다. 따라서 조정 시도를 계속하는 것이 합리적이다.

반면에 평균 CVR이 0.3%라면 어떻게 될까? 이 경우에는

3배 이상 개선하지 않으면 채산성을 확보할 수 없다. 현실적으로 개선이 어려운 상황이므로 이 광고와 LP의 조합을 폐기하는 것이 현명한 선택이다.

이처럼 근거 없는 조정이 아니라 명확한 근거에 기반하여 개선 방향을 설정해야 한다. 광고 조정은 단순한 수정 작업이 아니라 성과를 내기 위한 전략적인 선택임을 잊지 말자.

47

LP를 조정할 때 주의해야 할 점

맛을 수치화할 수 있는 '미각 센서'라는 기계가 있다. 이 미각 센서로 쌀밥만의 맛을 측정해서 '맛있다', '맛없다'를 판단할 수 있을까? 답은 '아니오'다. 왜냐하면 같은 쌀밥이라도 그냥 먹을 때와 단무지를 먼저 먹고 나서 먹을 때 느끼는 '맛'이 다르기 때문이다. 쌀밥 자체의 수치만으로는 '맛'을 알 수 없다.

그렇다면 LP의 CVR이나 히트 맵(Heat map) 데이터만 보고 이 LP가 좋은지 나쁜지 혹은 개선점은 무엇인지 판단할 수 있을까? 답은 마찬가지로 '아니오'다. LP 이전에 어떤 광고를 보았는지에 따라 CVR도 히트 맵의 색상 분포도 완전히 달라지기 때문이다.

예를 들어 클릭률을 높이기 위해 "TV에서 소개된 ○○의 비밀이 드디어 밝혀진다!"라는 문구의 광고를 만들었다고 가정해 보자. 그런데 클릭해서 이동한 LP에서 TV에 대한 언급이 전혀 없다면, 아무리 잘 만든 LP라도 CVR은 낮게 나온다.

또 "실제로 사용한 사람들의 변화를 확인해 보세요!"라는 광고를 클릭했다면, LP에 있는 사용 전후 사진이 히트 맵에서 붉게 나타나는 것은 당연하다. 그렇다고 해서 이 사진이 반드시 좋은 콘텐츠라고 단정할 수는 없다. 따라서 수치를 볼 때는 반드시 수치 데이터뿐만 아니라, '크리에이티브 자체'와 '이전 단계의 크리에이티브'를 함께 확인해야 한다.

미각 센서로 비유하자면, '직접 먹어보고 자신의 혀로 확인하는 과정'이 중요하다는 뜻이다. 내 기준으로 맛있는지 아닌지를 먼저 판단하고 나서 수치를 확인한다. 자신이 맛있다고 느낀 부분이 수치에 어떻게 나타나고, 또 어떤 부분은 수치에 드러나지 않았는지를 확인하는 것이다.

그래야만 비로소 이 데이터를 어떤 상황에서 활용할 수 있고 어떤 상황에서는 활용할 수 없는지를 판단할 수 있다. 크리에이티브를 보지 않고 수치만으로 판단하면 다음과 같은 오류가 발생할 수 있다.

예시 ①

히트 맵이 빨갛게 표시됐으니 이 콘텐츠는 주목받고 있다.

⇨ 단지 글자가 작아서 소비자들이 자세히 보려고 했을 뿐인지도 모른다.

예시 ②

이 광고와 BLP와 HLP의 조합은 CVR이 높으므로, 이 경로는 '성공적인 경로'다.

⇨ 실제로는 HLP의 품질이 유달리 높았던 것일지도 모른다. 그렇다면 광고나 BLP를 바꿔도 같은 CVR 값이 나올 수 있다.

예시 ③

새로운 BLP로 교체했더니 다음 페이지로의 전이율이 크게 상승했다. 이 BLP는 완성도가 높다.

⇨ BLP의 완성도가 높아서가 아니라 광고와의 궁합이 좋았기 때문일지도 모른다. 다른 광고와 조합하면 전이율이 떨어질 수 있다.

이런 오류는 크리에이티브와 데이터를 비교해 보지 않으면 알 수 없다. 데이터만을 기준으로 판단하고 실행하면 방향성이 크게 잘못될 수 있다. 또한 데이터를 먼저 보게 되면 그 데이터가 '정답'이라는 전제를 깔고 보게 되므로 중요한 문제를 놓치게 된다.

올바른 순서는 다음과 같다.

① 크리에이티브를 직접 확인한다.

② 가설을 세운다.

③ 데이터를 통해 가설을 검증한다.

④ 가설 단계에서는 미처 생각하지 못했던 문제점을 데이터에서 발견한다.

크리에이티브를 확인하지 않고 수치만 보고 판단하는 작업은 웹마케팅이 아니라 디지털 오퍼레이션에 가깝다. 이는 점점 AI나 RPA(Robotic Process Automation, 로봇 프로세스 자동화)로 대체되고 있는 영역이며, 굳이 사람이 할 필요가 없는 일이다. 일류 미식가나 셰프가 되려면 미각을 단련해야 하듯, 일류 마케터가 되고 싶다면 자신의 눈으로 크리에이티브를 읽어내는 힘을 길러야 한다.

48

핵심성과지표(KPI)로 우선순위 판단하기

광고→BLP→HLP의 흐름으로 광고를 집행했지만 전체 CVR이 낮아 크리에이티브의 조정이 필요한 상황을 가정해 보자. 이때 BLP에서 HLP로의 전이율을 높여야 할지, 아니면 HLP 자체의 CVR을 높여야 할지 판단이 어려울 수 있다.

이럴 때는 각각의 '목표 수치'를 역산해 본다. 즉, CPC나 실제 성과 수치를 고정값으로 두고, 어느 정도의 전이율이나 CVR을 달성해야 단가가 맞는지 계산하는 것이다. 그리고 각 매체와 제품의 평균 전이율, 평균 CVR과 각각의 목표 수치를 비교하여 어느 쪽이 실현 가능성이 높은지를 알아본다.

계산 방법은 '평균값÷반드시 달성해야 할 목푯값'으로, 전이율과 CVR을 각각 계산해 비교한다. 이 값이 클수록 이론상 달성하기 쉽다는 뜻이며 더 현실적인 목표라고 할 수 있다. 수치를 비교하여 달성 난도가 더 낮은 쪽을 우선하여 조정해야 한다.

실제로 우리 회사에서는 이 계산을 시스템으로 자동화하여 판단하고 있다. 광고 관리 시스템이 CPO가 맞지 않는 광고 흐름에 대해 '전이율 개선 필요' 또는 'CVR 개선 필요' 중 하나의 항목에 권장 마크를 자동으로 표시한다. 그러면 마케터는 시스템이 권장하는 방향에 맞춰 크리에이티브를 조정하는 것이다.

이처럼 사람이 고민하는 많은 영역은 수치화하고 간단한 프로그래밍으로 자동화할 수 있다. 수치화할 수 있는 부분은 시스템에 맡기고, 수치화가 어려운 부분에 사람이 집중하도록 해야 한다. 기업의 가장 중요한 자원은 사람의 두뇌다. 이 두뇌를 최대한 활용하려면 시스템이 할 수 있는 일은 모두 시스템에 맡기고 사람은 창조적인 작업이나 사람만이 할 수 있는 판단에 집중할 수 있는 환경을 만들어야 한다.

49

장기 전략이 될 수 없는 테크니컬 SEO, 그리고 궁극의 SEO

SEO(Search Engine Optimization, 검색 엔진 최적화)는 간단히 말해 검색엔진을 통해 유입을 늘리는 방법이다. 하지만 나는 SEO에 대해 다소 비관적인 시각을 가지고 있다. **우리 회사는 창업 이래 테크니컬 SEO에 힘을 쏟은 적이 없고, 앞으로도 그럴 계획이 없다.** 왜냐하면 SEO는 효과가 단기적이며, 장기적인 사업 전략 관점에서는 비효율적이기 때문이다. 여기서 말하는 테크니컬 SEO란, 검색 알고리즘의 허점을 노려 인위적으로 검색 순위를 높이려는 방식을 뜻한다. 이를 단순화하면 다음과 같은 흐름이 된다.

① 구글의 기본 방침은 '더 좋은 정보를 더 상위에 표시하는 것'이다. 예를 들어, 공익성과 신뢰성을 가진 상장기업의 정보가 일반기업의 정보보다 더 정확할 가능성이 높다. 따라서 구글은 상장기업의 페이지를 상위에 표시하려고 한다.

② 이를 위해 구글의 개발자는 특정 키워드를 기준으로 정보를 평가하는 알고리즘을 설계한다. 예를 들어 페이지 내에 '상장'이라는 단어가 포함되어 있다면, 해당 기업이 상장기업일 가능성이 높다고 판단해 순위를 올려주는 식이다.

③ 하지만 이를 악용하는 사례가 생긴다. 어떤 회사는 실제로 상장기업이 아님에도, "언젠가 상장하고 싶습니다." 같은 문장을 삽입하여 '상장'이라는 키워드를 끼워 넣는다. 이렇게 해서 상장기업이 아닌데도 검색 결과의 상위에 표시될 수 있다.

이런 식으로 구글 알고리즘을 교묘히 속여 상위에 노출되려는 시도가 테크니컬 SEO의 전형적인 예다. 이런 편법은 구글 입장에서 보면 마치 버그를 노리는 해킹이나 다름없다. 그래서 구글은 이를 차단하기 위해 알고리즘을 계속해서 업데이트한다.

예컨대 '웹사이트 내의 텍스트뿐만 아니라 도메인의 소유주 정보를 통해 기업명을 특정하고, 증권거래소의 상장기업 목록과 대조하여 판단'하는 방식으로 대응하는 것이다.

그러자 또 다른 편법이 등장한다. 이번에는 '실제 상장기업의 이름으로 회사를 등록하고 해당 이름의 도메인을 사서 사이트를 개설'하는 식이다. 그러면 구글은 다시 이를 차단하기 위해 알고리즘을 고도화한다. '증권거래소나 경제지 및 주요 미디어에서의 링크 유무 등을 분석해 상장기업 여부를 판단'하는 식이다.

이처럼 테크니컬 SEO는 마치 보안과 바이러스의 끝없는 싸움, SEO와 구글의 술래잡기처럼 반복된다. 간혹 운이 좋아 상위에 노출되더라도 구글의 뛰어난 개발자들이 이를 인지하고 곧바로 수정한다. 애초에 순위가 떨어졌다는 것은 구글이 '정상적이지 않은 노출'로 판단했기 때문이다.

검색 결과 상위에 계속 노출되고 싶다면, 구글이 정한 '정상적인 기준'을 충족하는 것이 핵심이다. 그러기 위해서는 구글이 무엇을 기준으로 '정상적'이라 판단하는지 이해해야 한다.

앞선 예시를 빌리자면, '상장기업이 상위에 표시되는 것'이 정상적인 결과다. 그런데 테크니컬 SEO는 '상장하지 않은 기업이 마치 상장한 것처럼 보이게 꾸며 상위에 노출되는 방식'이다. 이런 편법은 잠깐의 효과는 있을지 몰라도 결국 구글의 업데이트로 인해 원래 위치로 돌아가게 된다.

장기적으로 상위 노출을 유지하기 위해 해야 할 일은 알고리즘을 속이는 것이 아니라 진짜로 상장기업이 되는 것이다. 10년 단위로 보면 매년 복잡해지는 SEO 기술을 쫓는 것보다 성실하게 사업을 운영하고 신뢰를 쌓는 것이 훨씬 안정적인 전략이다.

구글은 전 세계에서 가장 뛰어난 개발자들이 모인 집단이다. 이들과 싸우려 하기보다는 이들의 판단 기준에 맞춰 '좋은 정보, 좋은 회사, 좋은 제품'을 제공하는 편이 더 현명하다. 억지로 상위에 노출되려는 시도는 오히려 구글에 적대하는 행위나 다름없다. 그런 무모한 일에 힘을 쏟기보다는 정말 좋은 회사와 좋은 제품을 만드는 데 집중해야 한다. 그렇게 하면 어느 순간 구글의 우수한 알고리즘이 우리를 상위에 올려줄 것이다.

그래서 우리 회사는 SEO 기술을 추구하는 대신 좋은 회사와 좋은 제품을 만들기 위해 최선을 다하고 있다. 아이러니하게도 이것이야말로 궁극의 SEO다.

50

내비게이션 정체 이론

차별화로 '정체 구간'을 피하라

기계는 매우 편리하지만 부정적인 측면도 있다. 예를 들어 모든 운전자가 똑같은 자동차 내비게이션을 사용하면 같은 길로 몰리게 되어 결국 정체가 발생한다. 마찬가지로, 이렇게 하면 상품이 잘 팔린다는 성공 공식을 따라 LP를 만들고 광고 세그먼트를 설정하면 애드테크는 경쟁사의 상품과 같은 방식으로 광고를 자동 조정하게 된다.

처음부터 경쟁사와 비슷한 방향으로 설정하면 애드테크는 그 동질화를 더 가속한다. 시장이 성장기에 있을 때는 이런 '성공 사례 따라 하기'가 통할 수 있다.

그러나 지금처럼 시장이 성숙기에 접어든 상황에서는, 그런 전략으로는 차별화를 꾀할 수 없고 오히려 스스로 치열한 경쟁 속으로 뛰어드는 꼴이 된다. 따라서 지금 가장 중요한 것은 '처음부터 차별화하는 것'이다. 그리고 그 차별화된 요소를 애드테크가 학습할 수 있도록 설계해야 한다.

시장은 계속해서 빠르게 변하고 있다. 과거의 성공 사례에만 기대서는 더 이상 살아남기 어렵다. 내비게이션은 분명 편리하지만, 무턱대고 의존하다 보면 정체에 갇히기 쉽다.

이제는 스스로 지도를 보고 경로를 판단해 움직일 수 있는 능력이 필요한 시대다.

2장 '이익'을 위한 KPI 설정과 측정

테크니컬 운영에서 가장 중요한 것은 '숫자'다. 이제는 웹상에서 여러 현상을 수치로 정확하게 측정할 수 있는 시대가 되었다. 과거에는 어떤 프로모션이 어떤 매출로 이어졌는지 정확히 파악할 수 없었기 때문에 프로모션을 관리하는 부서, 매출을 책임지는 부서, 이익을 따지는 부서가 따로 움직였다. 그로 인해 대규모 비용을 들여 인지도는 높였지만, 정작 매출이나 이익은 오히려 감소하는 일이 자주 발생했다.

하지만 이제는 데이터를 기반으로 모든 마케팅 활동을 '이익 중심'으로 평가할 수 있다. 이번 장에서는 '인지도, 이미지 향상, 매출'이 아닌, '이익'을 목표로 한 KPI 설정과 측정 방법에 대해 알아보자.

51

CPO와 LTV를 정확히 계산하는 법

성과를 정확히 판단하고 이를 이익으로 연결하기 위해서는 먼저 기본적인 계산 방법을 이해해야 한다. 여기서는 '주문당 비용(CPO)' 및 '고객생애가치(LTV)'의 계산법과 이 두 개념을 통해 이익을 도출하는 방법을 알아본다.

51-1. CPO를 계산하는 방법

CPO는 고객 1명을 유치하는 데 들어간 판촉 비용을 뜻한다. 예를 들어, 신문 광고에 1,000만 원을 투입해 100명으로부터 주문을 받았다면 다음과 같이 계산한다.

1,000만 원÷100명＝10만 원 → CPO는 10만 원

이때 판촉 비용에는 광고 제작비나 기타 관련 비용도 포함해야 하며, 업종에 따라서는 점포 임대료나 인건비 등이 포함되기도 한다.

51-2. LTV를 계산하는 방법

LTV는 1명의 고객이 일정 기간 발생시키는 매출(또는 이익)의 총액을 의미한다. 예를 들어 3만 원짜리 상품이 1년 동안 평균 4회 구매된다면, 연간 LTV는 3만 원×4회 = 12만 원이 된다.

이 수치를 CPO와 비교해 보자. CPO가 10만 원이고 매출총이익률이 100%라고 가정하면 첫 구매 시점에는 7만 원의 손해를 보게 된다.

하지만 이 고객이 1년간 평균 4회 재구매를 한다면 연간 매출액은 12만 원이 되고, CPO 10만 원을 제하더라도 2만 원의 이익을 얻게 된다.

이처럼 재구매 가능성이 높은 상품일수록 LTV를 기준으로 CPO의 상한선을 설정하면 더 큰 이익을 기대할 수 있다. 반면에 재구매가 거의 없는 단발성 상품은 LTV가 곧 객단가가 되므로 첫 구매에서 바로 수지가 맞도록 설계해야 한다.

51-3. 고객 1인당 이익 = LTV(×매출총이익률) - CPO

먼저, **고객 1인당 이익 = LTV(×매출총이익률) - CPO**임을 꼭 기억해 두자. 이 공식이 머릿속에 있어야 성과를 평가할 수 있다. 반면에 잔존율이나 이탈률은 이익 관리에서 우선순위가 낮은 지표이다. 상황에 따라서는 몰라도 상관없다.

전체 이익을 늘리는 방법은 다음 2가지로 나뉜다.

① 고객 1인당 이익은 유지한 채 CV 수(구매 수)를 최대화하는 방법

② 고객 1인당 이익 자체를 늘리는 방법

물론 둘 다 하는 것이 좋지만, 한정된 자원 안에서 진행하려면 '가장 잘하는 부분'부터 집중해야 한다. ①'고객 1인당 이익은 유지한 채 CV 수(구매 수)를 최대화하는 방법'은 단순히 모객 건수를 늘리는 것으로, 다음과 같은 방법으로 접근한다.

- 광고 노출 횟수 늘리기 → 같은 매체 내 광고 노출 횟수 늘리기, 새로운 매체 추가
- 효율 개선 → 클릭률 높이기, 구매율 높이기

반면, ②'고객 1인당 이익 자체를 늘리는 방법'은 다음 2가지로 나뉜다.

- CPO 낮추기
- LTV 높이기

CPO를 낮추는 데는 '입찰 단가 낮추기', '클릭률 높이기', 'CVR 높이기'의 3가지 방법이 있다. 또 LTV를 높이려고 할 때는 '1회 구매 고객의 객단가 높이기', '교차 판매 늘리기', '잔존율

높이기', '이탈률 낮추기' 중 하나, 혹은 여러 가지 방법을 함께 사용할 수 있다.

이처럼 잔존율이나 이탈률은 이익을 높이기 위한 하나의 요소일 뿐이다. 만약 CPO가 매우 낮거나 교차 판매율이 활발해 LTV가 높다면 경영상 중요도가 낮은 수치로 봐도 무방하다.

52

더 정확한 LTV 산출 방법

LTV 측정은 기회와 이익을 극대화하기 위해 꼭 필요한 일이다. 하지만 계산이 정확하지 않으면 재구매로 이익을 회수할 수 있을 거라 믿고 광고비를 투자했다가 오히려 큰 손해를 입을 수도 있다.

이런 문제를 방지하려면 먼저 정확한 LTV를 산출해야 한다. 그러나 잘못된 방법으로 LTV를 산출하는 기업들이 많다.

예를 들어, 단순히 1년간의 총매출을 고객 수로 나누는 방식은 정확하지 않다. 이런 방식으로 계산하면 1월 1일에 구매한 고객의 집계 기간은 1년이지만, 12월 31일에 구매한 고객의 집계 기간은 단 하루가 되어 평균값 자체가 의미를 잃게 된다.

또한 평균 재구매율, 평균 객단가, 평균 이탈률 등을 이용해 LTV를 추정하는 방법은 첫 구매 시 제공한 혜택 금액을 일일이 차감해야 하는 등 계산이 복잡해진다. 게다가 정기 구매로 이어지지 않은 고객의 단발성 재구매나 다른 제품의 교차 판매 매출까지 정확히 반영하기 어렵다.

정확한 LTV를 구하려면 '예측'이 아닌 실제 '실적' 데이터를 활용해야 한다. 고객 한 명 한 명의 실제 구매 기록을 바탕으로 LTV를 계산하는 방법이 가장 정확한 결과를 제공한다.

고객마다 첫 구매일은 모두 다르다. **따라서 '첫 구매일로부터 1년 후의 LTV'를 확인하려면, 고객별로 1년 동안의 누적 구매액을 계산한 다음 이 값들의 평균을 내야 한다.**

구체적인 방법으로는 **그림12**와 같은 고객 관리대장을 만들고 고객별 데이터를 꾸준히 기록해 나가는 것이다.

그림12와 **그림13**을 보면서 'C씨'의 고객 데이터를 바탕으로 첫 주문부터 1년 동안의 데이터를 기록하는 과정을 살펴보자.

먼저, C씨가 첫 주문을 한 2020년 11월 15일을 기준으로 표를 작성한다. 첫 주문일 이후의 날짜는 1개월 간격으로 자동 입력되도록 설정하고, 각 날짜 이전까지 발생한 주문의 누적 매출액을 새로 주문이 들어올 때마다 갱신하는 방식이다.

첫 주문일인 2020년 11월 15일 이전에는 주문이 없으므로, 첫 주문을 '주문 정보 1'로 하고, 누적 매출 5만 원을 기록한다.

그림12 LTV를 정확히 파악하기 위한 고객 관리대장 양식(단위: 원)

고객 관리대장 A씨
고객 ID XXX001

【첫 주문 정보】
- 상품 A
- 광고 매체 ⓐ
- 광고 ID
- LP ID
- 프로모션 ID

첫 주문일	첫 주문일로부터 1개월 후의 날짜	첫 주문일로부터 2개월 후의 날짜	첫 주문일로부터 3개월 후의 날짜	첫 주문일로부터 4개월 후의 날짜	첫 주문일로부터 5개월 후의 날짜	첫 주문일로부터 6개월 후의 날짜	첫 주문일로부터 11개월 후의 날짜	첫 주문일로부터 12개월 후의 날짜
2021/8/7	2021/9/7	2021/10/7	2021/11/7	2021/12/7	2022/1/7	2022/2/7	2022/7/7	2022/8/7
50,000	100,000	100,000	150,000	200,000	200,000	250,000	250,000	250,000

고객 관리대장 B씨
고객 ID XXX002

【첫 주문 정보】
- 상품 A
- 광고 매체 ⓐ
- 광고 ID
- LP ID
- 프로모션 ID

첫 주문일	첫 주문일로부터 1개월 후의 날짜	첫 주문일로부터 2개월 후의 날짜	첫 주문일로부터 3개월 후의 날짜	첫 주문일로부터 4개월 후의 날짜	첫 주문일로부터 5개월 후의 날짜	첫 주문일로부터 6개월 후의 날짜	첫 주문일로부터 11개월 후의 날짜	첫 주문일로부터 12개월 후의 날짜
2020/12/1	2021/1/1	2021/2/1	2021/3/1	2021/4/1	2021/5/1	2021/6/1	2021/11/1	2021/12/1
50,000	50,000	100,000	200,000	200,000	250,000	250,000	250,000	300,000

고객 관리대장 C씨
고객 ID XXX003

【첫 주문 정보】
- 상품 A
- 광고 매체 ⓐ
- 광고 ID
- LP ID
- 프로모션 ID

첫 주문일	첫 주문일로부터 1개월 후의 날짜	첫 주문일로부터 2개월 후의 날짜	첫 주문일로부터 3개월 후의 날짜	첫 주문일로부터 4개월 후의 날짜	첫 주문일로부터 5개월 후의 날짜	첫 주문일로부터 6개월 후의 날짜	첫 주문일로부터 11개월 후의 날짜	첫 주문일로부터 12개월 후의 날짜
2020/11/15	2020/12/15	2021/1/15	2021/2/15	2021/3/15	2021/4/15	2021/5/15	2021/10/15	2021/11/15
50,000	100,000	100,000	150,000	200,000	200,000	250,000	250,000	250,000

그 후, C씨가 2020년 12월 13일에 재구매를 하면 이를 '주문 정보 2'로 추가한다. 2020년 12월 13일 현재, 총 2건의 주문이 기록된 상태가 된다.

첫 주문으로부터 1개월이 지난 2020년 12월 15일이 되면 '1개월 후의 LTV'를 산출할 수 있다. 첫 주문으로부터 1개월 후 시점인 2020년 12월 15일까지의 주문은 '주문 정보 1', '주문 정보 2'의 총 2건이며, 이때까지의 누적 매출액은 10만 원이다. 이 10만 원이 C씨의 '1개월 후 LTV'다.

이후 C씨로부터 계속해서 주문이 들어오면 시간이 지남에 따라 LTV는 점차 증가한다. 정확한 LTV를 산출하는 작업은 이처럼 고객별 첫 주문 이후의 누적 매출액을 시계열로 정리하는 것으로부터 시작된다. 이렇게 해서 얻어진 데이터는 'C씨' 1명의 LTV다. 모든 고객별로 고객 관리대장을 작성하고, 유사한 조건을 가진 고객군의 LTV 평균값을 계산해야 비로소 쓸모 있는 데이터가 된다.

또한, 고객 관리대장의 좌측 항목에도 주목해야 한다. 보통 다음과 같은 정보를 기록한다.

【첫 주문 정보】

- 상품 A
- 광고 매체 ⓐ
- 광고 ID
- LP ID
- 프로모션 ID

예를 들어 상품 A의 구매 고객을 광고 매체별로 나누어 분석하면, '광고 매체 ⓐ를 통해 상품 A를 구매한 고객의 LTV'를 정확히 계산할 수 있다(**그림14-1** 참조).

실제로 같은 제품이라도 광고 매체마다 고객층의 성향이 달라 LTV가 다르게 나타나는 경우가 있다. 일반적으로 광고 매체

그림13 고객 관리대장을 활용해 고객별로 정확한 LTV를 산출하는 방법 (단위: 원)

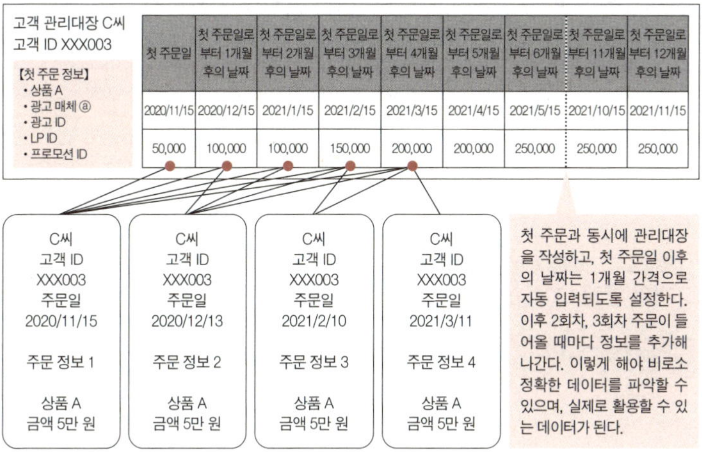

사용자의 연령대가 높을수록 LTV가 높고, 연령대가 낮을수록 LTV가 낮다. 따라서 고연령층 사용자가 주로 이용하는 광고 매체를 통해 확보한 고객은 LTV가 더 높을 가능성이 크다. 이렇게 광고 매체별로 LTV를 추적하고 기록하는 과정도 매우 중요하다.

예를 들어 12개월 동안 고객 1명당 2만 원의 이익을 얻으려 할 경우(편의상 매출총이익률을 100%로 가정), 허용할 수 있는 최대 비용은 광고 매체 ⓐ가 9만 원 이내, 광고 매체 ⓑ가 12만 원 이내, 광고 매체 ⓒ가 13만 원 이내로 각각 달라진다.

반면에 광고 매체를 구분하지 않고 상품 A 전체 고객의 평균 LTV를 구한 결과가 **그림14-2**다. 이때 광고 매체 ⓐ, ⓑ, ⓒ를 통

그림14-1 상품 A를 구매한 고객의 광고 매체별 LTV(단위: 원)

누적 매출액	첫 주문	1개월 후	2개월 후	3개월 후	6개월 후	12개월 후	2년 후	3년 후
광고 매체 ⓐ	30,000	49,000	63,000	75,000	88,000	110,000	150,000	170,000
광고 매체 ⓑ	30,000	44,000	55,000	66,000	84,000	140,000	190,000	240,000
광고 매체 ⓒ	30,000	48,000	57,000	78,000	92,000	150,000	200,000	230,000

(12개월 동안 2만 원의 이익을 얻고자 할 때)

기준으로 삼는 수치에 따라 CPO가 달라진다!

그림14-2 상품 A를 구매한 고객의 전체 LTV(단위: 원)

누적 매출액	첫 주문	1개월 후	2개월 후	3개월 후	6개월 후	12개월 후	2년 후	3년 후
광고 매체 ⓐⓑⓒ의 평균	30,000	47,000	58,330	73,000	88,000	133,330	180,000	213,330

해 유입된 고객 수는 같다고 가정한다.

그림14-2를 보면, 상품 A의 전체 평균 LTV를 기준으로 12개월 동안 2만 원의 이익을 내기 위한 CPO의 상한선은 11만 3,330원(13만 3,330원 - 11만 3,330원 = 2만 원)이다.

여기서 그림14-1과 그림14-2의 결과를 비교해 보자. 똑같이 12개월 동안 2만 원의 이익을 내려고 할 때, 상품 A의 전체 평균 LTV만을 가지고 광고 예산을 설정하면 어떻게 될까? 전체 평균 LTV를 기준으로 하면 CPO를 최대 11만 3,330원까지 허용할 수 있다. 하지만 광고 매체 ⓐ의 실제 LTV는 11만 원에 불과하므로 1명의 신규 고객을 획득할 때마다 3,330원의 손실이 발생하는 셈이다. 즉, 광고 매체 ⓑ와 ⓒ에서 얻는 이익으로 광고 매체 ⓐ에서 발생하는 적자를 보완하는 상황이 된다.

이처럼 LTV를 대략적으로만 계산하면 실제로는 부분적으로 손실이 발생하고 있다는 사실을 인지하지 못할 수 있다. 따라서 LTV는 가능한 한 상세하게 구분하여 산출해야 한다.

또 다른 예로, '첫 구매 시 50% 할인'과 같은 파격적인 할인 행사를 진행하면 CPO가 낮아지는 대신 LTV도 함께 낮아질 가능성이 높다. 앞서 언급했듯이 '이익 = LTV(×매출총이익률) - CPO'이므로, CPO가 낮아졌다고 해서 무조건 기뻐할 일이 아니다. 그보다 LTV가 더 크게 떨어져서 오히려 전체 이익이 감소할 수 있다는 점도 고려해야 한다.

따라서 광고 매체뿐만 아니라 마케팅 메시지나 할인 프로모션 등 '이후 재구매율에 영향을 미칠 만한 요소'에 따라 LTV를 분석하고, '매출은 발생했으나 실제 이익은 나지 않는' 상황을 철저히 방지해야 한다.

그림15 신상품의 LTV 예측 방법(단위: 원)

누적 매출액	첫 주문	1개월 후	2개월 후	3개월 후	6개월 후	12개월 후	2년 후	3년 후
광고 매체 ⓐⓑⓒ의 평균	30,000	47,000	58,330	73,000	88,000	133,330	180,000	213,330
12개월 후 LTV에 대한 비율	23%	35%	44%	55%	66%	100%	135%	160%
신상품	30,000	60,000				171,430 (60,000 ÷35%)		

데이터를 갱신할 때마다
12개월 후의 LTV를 다시 계산하고,
그에 따라 CPO를 수시로 조정한다.

53

신상품의 LTV를 예측하는 방법

출시된 지 얼마 안 된 신상품의 경우, 아직 첫 구매 후 1년이 지난 고객이 존재하지 않는다. 이럴 때는 어떻게 LTV를 계산하고 CPO의 상한선을 설정해야 할까? 이때는 기존에 판매 중인 유사한 자사 제품의 데이터를 참고하면 된다.

예를 들어 앞서 살펴본 '상품 A'의 데이터를 바탕으로 **그림15**와 같이 정리했다고 가정해 보자. 이 표는 월별 LTV가 12개월 후 LTV의 몇 퍼센트에 해당하는지를 보여준다.

신상품을 출시하고 1개월 정도가 지나면, 해당 신상품의 '1개월 후 LTV'를 얻을 수 있다. 가령, 신상품 출시 1개월 후의 LTV가 6만 원으로 측정되었다고 가정해 보자. 기존 상품 A의 1개월 후 LTV는 12개월 후 LTV의 35%에 해당하므로, 이 비율을 적용하여 신상품의 1년 후 LTV를 예측할 수 있다.

신상품의 1년 후 LTV 예측: 6만 원÷35% = 17만 1,430원

이 시점에서는 신상품의 1년 후 LTV 예측치를 17만 1,430원으로 설정하고, 이를 기준으로 CPO의 상한선을 정한다. 만약 12개월 후 고객 1명당 2만 원의 이익을 목표로 한다면, CPO의 상한선은 다음과 같다.

상한 CPO: 17만 1,430원 - 2만 원 = 15만 1,430원

이렇게 설정된 상한 CPO 15만 1,430원을 기준으로 출시 1개월 후부터 2개월 차까지 광고를 운영한다. 다시 한 달이 지나 신상품 출시 2개월 후의 LTV를 산출할 수 있게 되면, 이번에는 2개월 후 LTV 데이터로 12개월 후 LTV를 다시 예측한다(이 경우, 신상품의 2개월 후 LTV÷44%). 그리고 새로 계산된 12개월 후 LTV에 맞추어 CPO의 상한선을 조정한다. 새로운 예측값이 기존 예

측값인 17만 1,430원보다 낮다면 CPO 상한선을 낮춰 광고 투자를 줄여야 하고, 반대로 예측값이 더 높다면 상한선을 올려 광고비에 적극적으로 투자한다.

이런 식으로 매월 누적되는 최신 LTV 데이터를 활용하여 예측값의 정확도를 높이면, 광고비의 초과 지출이나 기회손실을 최소화할 수 있다.

54

광고 매체의 우열을 판단하는 방법

CPO와 LTV를 정확히 알게 되면 광고 매체 간의 우열도 쉽게 판단할 수 있다.

예를 들어 검색엔진의 키워드 광고로 확보한 신규 고객의 CPO가 3만 원이고, 이 고객들의 1년 LTV가 7만 5,000원이라면, 1년 동안 발생하는 고객 1인당 이익은 4만 5,000원이 된다.

반면, 포인트 적립 사이트(제품 구매 시 포인트를 제공하는 등의 혜택이 있는 사이트)를 통해 확보한 신규 고객의 CPO는 키워드 광고의 3분의 1 수준인 1만 원이었다고 하자.

【키워드 광고】

- CPO: 3만 원
- 1년 LTV: 7만 5,000원

【포인트 적립 사이트】

- CPO: 1만 원
- 1년 LTV: 3만 원

이것만 놓고 보면 포인트 적립 사이트가 키워드 광고보다 더 강력한 오퍼(Offer, 특정 조건을 만족했을 때 고객에게 제공하는 보상)를 제시하기 때문에 CPO를 낮게 유지할 수 있어 더 유리해 보인다. 하지만 이렇게 혜택이 강력한 광고 매체를 통해 유입된 고객의 LTV는 낮은 경향이 있다. '포인트 적립'이라는 부가적인 혜택 때문에 구매한 고객은 제품에 대한 관심도가 낮아 재구매율이 떨어지기 때문이다.

만약 포인트 적립 사이트에서 유입된 고객의 1년 LTV가 3만 원이라면, 고객 1인당 이익은 2만 원에 불과하다. 이렇게 고객 1인당 이익으로 평가하면 포인트 적립 사이트보다 검색엔진의 키워드 광고가 더 우수한 매체라고 할 수 있다.

【키워드 광고】

- CPO: 3만 원
- 1년 LTV: 7만 5,000원
- 1년간의 이익: 4만 5,000원

【포인트 적립 사이트】

- CPO: 1만 원
- 1년 LTV: 3만 원
- 1년간의 이익: 2만 원

하지만 여기서 고려해야 할 점은 각 광고 매체가 확보할 수 있는 고객의 잠재적인 규모가 다르다는 사실이다. 예를 들어, 키워드 광고를 통해 월간 100명의 신규 고객을 획득할 수 있다면 월간 총이익은 다음과 같이 계산된다.

고객 1인당 이익: 4만 5,000원×100명 = 450만 원

반면에 포인트 적립 사이트는 월간 300명의 신규 고객을 획득할 수 있다고 가정하면 월간 총이익은 다음과 같다.

고객 1인당 이익: 2만 원×300명 = 600만 원

이런 경우, 1인당 이익은 키워드 광고가 더 높지만, 전체 총이익의 규모는 포인트 적립 사이트가 더 크다.

따라서 광고 매체의 우열을 판단할 때는 '고객 1인당 이익'과 '해당 매체가 확보할 수 있는 고객의 잠재적인 규모'를 모두 고려해야 한다.

55

매출 최소화, 이익 최대화의 법칙

자세한 내용은 나의 저서 『매출 최소화 이익 최대화』에 썼지만, 중요한 내용이므로 간단히 소개하려고 한다(그림16 참조).

여기, 1년 LTV가 11만 원인 제품이 있다고 하자. 이 제품 판매를 위한 CPO의 상한선을 10만 원으로 설정하고, '이익 = LTV(×매출총이익률) - CPO'의 공식에 따라 계산해 보자. 계산 편의상 매출총이익률을 100%라고 가정하면, 첫해의 이익은 1만 원이 된다(수식을 단순화하기 위해 매출총이익률 100%의 곱셈 표시는 생략).

1년 LTV: 11만 원 - CPO 10만 원 = 이익 1만 원

그림16 '매출 1억 1,000만 원, 이익 1,000만 원, 이익률 9%'인 상품의 LTV(단위: 원)

매출 1억 1,000만 원
이익 1,000만 원
이익률 9%

1년 LTV	상한 CPO	1년 목표 이익
110,000	100,000	10,000

명세	건수	CPO	광고비	1년 매출	1년 이익
합계	1,000	100,000	1억	1억 1,000만	1,000만

상한 CPO 이내

광고별로 산출

매출 1억 1,000만 원
이익 1,000만 원
이익률 9%

명세	건수	CPO	광고비	1년 매출	1년 이익
광고 A	500	80,000	4,000만	5,500만	1,500만
광고 B	500	120,000	6,000만	5,500만	- 500만
합계	1,000	100,000	1억	1억 1,000만	1,000만

광고 B는 상한 CPO를 초과함

광고 B를 중단하면?

매출 5,500만 원
이익 1,500만 원
이익률 27%

명세	건수	CPO	광고비	1년 매출	1년 이익
광고 A	500	80,000	4,000만	5,500만	1,500만
광고 B	500	120,000	6,000만	5,500만	- 500만
합계	500	80,000	4,000만	5,500만	1,500만

매출은 절반으로 감소하지만, 이익은 1.5배, 이익률은 3배로 상승

여기서 신규 고객 1,000명을 획득했다면 다음과 같은 식이 성립한다.

1년 총이익 1,000만 원 = 1년 총매출 1억 1,000만 원(LTV 11만 원×1,000명) - 광고비 1억 원(CPO 10만 원×1,000명)

이 식을 정리하면 그림16의 첫 번째 표와 같다. 이렇게 계산하면 아무런 문제가 없는 것처럼 보일 수 있다. 하지만 첫 번째 표는 광고비 총액만을 다루고 있으므로, 실제로는 광고 매체별

성과를 나누어 살펴보아야 각 광고가 수익성 기준을 충족하는지 알 수 있다.

그림16의 두 번째 표를 보자. 이 사업은 A와 B 두 종류의 광고를 진행하고 있으며, 신규 획득 건수 1,000건 중 광고 A와 B가 각각 500건씩 확보했다고 가정한다. 개별 CPO는 다음과 같다.

광고 A의 CPO: 8만 원

광고 B의 CPO: 12만 원

이 시점에서 광고 B의 CPO는 상한 CPO인 10만 원을 초과했다. 즉, 광고 B는 이익이 아니라 오히려 손실을 내고 있던 것이다.

광고 A의 매출: 5,500만 원

광고 A의 비용: 4,000만 원

광고 A의 이익: 1,500만 원

광고 B의 매출: 5,500만 원

광고 B의 비용: 6,000만 원

광고 B의 이익: - 500만 원

이렇게 광고 매체별로 분석하면, 어떤 광고가 이익 창출에 기여하고 어떤 광고가 그렇지 않은지 명확히 드러난다. 그렇다면, 수익성이 나쁜 광고 B를 중단하면 어떻게 될까? 그림16의 세 번째 표에 결과가 정리되어 있다.

광고 A+B의 전체 매출: 1억 1,000만 원

광고 A+B의 전체 비용: 1억 원

광고 A+B의 전체 이익: 1,000만 원

광고 A의 단독 매출: 5,500만 원

광고 A의 단독 비용: 4,000만 원

광고 A의 단독 이익: 1,500만 원

광고 B를 중단하자 총매출은 절반으로 줄어들지만, 1년간의 총이익은 오히려 1.5배로 증가하고, 이익률은 3배로 크게 개선되었다.

많은 기업이 광고 성과를 전체 종합으로만 관리한다. 보통은 광고 대행사에 전부 맡기는 경우가 많고, 이때 'CPO 10만 원 이하에서 신규 고객을 최대한 많이 확보해 달라'라는 식으로 요청한다.

광고대행사는 광고 집행액이 자사의 매출이기 때문에 가능한 한 많은 광고를 내보내려고 한다. 따라서 효율이 낮은 광고를 꼼꼼히 검토하여 중단하기보다는 수익성이 좋은 광고의 이익으로 손실을 상쇄하여 목표 CPO를 맞추는 경우가 흔하다. 그렇게 해야 광고주에게 손해를 끼치지 않으면서도 광고대행사의 광고 매출을 유지할 수 있기 때문이다.

반면에 광고주는 가능한 한 적은 광고비로 최대의 이익을 내고 싶어 한다. 이런 관점에서 볼 때, **광고대행사와 광고주는 비즈니스 모델상 이해관계가 상충한다고 볼 수 있다.**

만약 기업의 내부 자원이 부족하여 광고대행사에 의뢰할 수밖에 없는 경우라도, 이런 측면이 있다는 점을 명확히 인지하고 협업하는 것이 중요하다.

56

직전 멈춤 전략

웹마케팅에서는 매출을 최대화한다고 해서 이익이 저절로 최대화되는 것은 아니다. 광고의 CPO를 높이면 신규 고객을 확보하는 건수는 늘어나지만, 그 증가 폭은 일정 단계를 넘어서는 순간부터 급격히 떨어진다. 이 시점부터 '수확 체감의 법칙'이 작용하여 실제 이익액이 감소하기 시작한다.

여기서 중요한 것은 '이익률'이 아니라 '이익액'이 줄어든다는 점이다. **CPO와 획득 건수를 측정하면서 이익액이 감소하기 바로 직전의 CPO를 최적 CPO로 설정하고 그 지점에서 광고 투자를 멈추는 전략이 가장 이상적이다.** 여기가 바로 이익이 최대화되는 지점이다. 이 지점보다 투자를 더 해도, 덜 해도 이익은 줄어든다.

예를 들어 고객 1인당 1년 LTV가 10만 원(매출총이익률 100%)인 제품이 있다고 가정해 보자.

- CPO 3만 원: 신규 고객 100명 확보, 연간 이익 700만 원
- CPO 4만 원: 신규 고객 150명 확보, 연간 이익 900만 원
- CPO 5만 원: 신규 고객 190명 확보, 연간 이익 950만 원
- CPO 6만 원: 신규 고객 230명 확보, 연간 이익 920만 원

이 예시에서는 CPO가 5만 원에서 6만 원으로 넘어가는 순간 수확 체감의 법칙이 작용해서 이익액이 줄어들기 시작한다. 최적 CPO는 바로 신규 고객 확보 효율이 떨어지면서 이익액이 감소하기 직전의 숫자다. 여기가 이익액이 최대가 되는 지점이며, 이보다 높거나 낮아도 결국 이익은 감소한다.

우리 회사의 경우 이 최적 CPO는 대략 LTV의 3~4개월분에

해당하므로, CPO의 상한선을 LTV 4개월치 수준으로 설정하여 운영한다. 이처럼 광고비는 주어진 예산에 맞춰 집행하는 것이 아니다.

'최적 CPO로 얻을 수 있는 최대 고객 수×최적 CPO'가 바로 최적의 광고비다. 이 금액을 초과하면 과잉투자이고, 적으면 기회손실이다.

다시 한번 강조하지만, 웹마케팅은 매출을 최대화하면 이익도 저절로 최대화되는 구조가 아니다. 기업의 목표는 '이익률'이나 '매출액'이 아니라 실제 '이익액'을 최대화하는 것이며, 어느 지점에서 투자를 '멈출지' 판단하는 것이 마케터의 역량이자 핵심 과제이다.

57

주목해야 할 광고투자균형지표

광고 투자 효율을 나타내는 지표로 '광고수익률(ROAS)'이 있다. ROAS는 '광고를 통해 얻은 매출÷광고비'로 계산하며, 쉽게 말해 광고의 비용 대비 효과를 의미한다. 개별 광고만 놓고 보면 ROAS는 높을수록 좋다.

단순히 ROAS가 낮은 광고를 중단하면 ROAS 자체는 올라가겠지만, 그와 동시에 광고 집행 수가 줄어들면서 구매나 계약 체결 건수도 감소한다. 결과적으로 수많은 기회손실이 발생하며 ROAS는 개선되지만, 전체 이익은 오히려 줄어드는 현상이 벌어진다.

애초에 ROAS에는 '최적 수치'라는 개념이 없다. 예를 들어 반복 구매를 전제로 하는 구독 서비스라면 ROAS가 1 미만이어도 장기적으로는 이익이 발생할 수 있다. ROAS가 1 이상이면 무조건 좋고, 1 이하라면 손실이라는 단순한 기준으로 판단할 수 있는 지표가 아니라는 뜻이다.

"요즘 ROAS가 떨어졌네."

"이 광고는 다른 광고보다 ROAS가 나쁘군."

이런 식으로 ROAS는 광고 간의 성과를 비교하거나 시간 경과에 따른 변화를 비교하기 위한 지표일 뿐, 현재의 광고 투자 수준이 '적정한지' 여부를 판단하는 기준은 아니다. 따라서 현재의 광고 투자가 적정한가를 판단하기 위한 별도의 지표가 필요하다. 그것이 바로 **'광고투자균형지표'**이며, 실제 집행된 CPO를 상한(최적) CPO로 나눈 값이다. 구체적으로는 월 단위로 다음과 같이 계산한다.

• 월평균 실제 CPO÷상한 CPO = 1 → 적정한 상태

• 월평균 실제 CPO÷상한 CPO〈1 → 기회손실 상태

• 월평균 실제 CPO÷상한 CPO〉1 → 비용 초과 상태

이 지표를 활용하면 매출이 올랐다고 기뻐하는 동안 실제로는 손실을 보게 되는 실수를 방지하고, ROAS가 개선되었다고 안심하는 사이에 정작 중요한 기회를 놓치게 되는 오류를 막을 수 있다.

사람들은 자신에게 유리한 수치만 보고 좋은 쪽으로 믿고 싶어 하는 경향이 있다. 하지만 프로라면 항상 '정말 잘되고 있는가?'를 자문하고, 이를 객관적으로 판단할 수 있는 KPI를 스스로 개발해야 한다. 변화 속도가 빠른 웹 업계에서는 기존의 KPI에만 의존해서는 안 된다.

58

5단계 이익 관리의 중요성

이익 중심의 마케팅을 실행하려면 매출과 비용의 관계를 '원가'와 '판촉비'뿐만 아니라, '주문연동비', 'ABC(Activity-Based Costing, 활동기준원가계산)', '운영비'까지 세분화하여 관리하는 것이 중요

하다.

우리 회사에서는 항상 상품별 이익을 5단계로 나누어 관리하고 있다. 이 내용 역시 나의 저서 『매출 최소화 이익 최대화』에서 자세히 다루었지만, 여기에서도 간략히 설명하고자 한다.

- 매출총이익
- 순매출총이익
- 판매이익
- ABC이익
- 영업이익

이렇게 이익을 단계별로 관리하면, 전체 이익이 감소했을 때 어느 상품의 어느 단계에서 문제가 발생했는지 바로 파악할 수 있다.

- 매출 - 원가 = 매출총이익

이 단계는 일반적인 매출총이익의 계산법과 같다.

- 매출총이익 - 주문연동비 = 순매출총이익

주문연동비란 결제 수수료, 배송비, 포장 자재비, 사은품이나 동봉 자료 등 매출이 발생할 때마다 반드시 연동되어 발생하는 비용을 말한다. 예를 들어 무료배송 행사나 사은품 제공 프로모션을 하면 매출은 늘어나지만 '순매출총이익'은 줄어들게 된다.

• 순매출총이익 - 광고비 = 판매이익

통신판매는 광고비를 늘리면 매출도 따라서 늘어나므로, 매출이 증가했다는 사실만으로는 성과를 판단할 수 없다. 만약 과도한 광고비 지출로 매출을 끌어올렸다면, 이 '판매이익' 단계에서 이익률이 반드시 떨어지게 된다. 매출은 증가하고 판매이익은 감소했다면 광고 효율이 떨어지고 있다는 신호다.

• 판매이익 - ABC = ABC이익

ABC란 쉽게 말해 '상품별 인건비'를 말한다. 먼저, 전 직원이 자신의 월간 업무 시간을 상품별로 얼마나 할애했는지 퍼센트로 기록한다. 이 업무 시간 배분율을 각 직원의 인건비에 곱하여 각 상품이 판매될 때까지 소요된 인건비를 산출한다. 매출이 높은 대신 직원의 손이 많이 가는 상품은 ABC이익이 낮다. 반대로 매출이 낮은 대신 직원의 노력 없이도 자연스럽게 팔리는 상품은 ABC이익이 높다. 이렇게 손이 덜 가는 상품은 사내에서 그다지 주목받지 못하지만, 상품별 ABC이익을 분석해 보면 숨겨진 우량 상품을 발견할 수 있다.

• ABC이익 - 운영비 = 영업이익

운영비는 판촉비에서 '주문연동비', '광고비', 'ABC'를 제외한 나머지 비용으로, 주로 임대료, 공과금, 관리 부서 인건비 등 사실상 '고정비'에 가까운 비용을 의미한다. 이 운영비 총액을 각 상품의 매출 비중으로 나누어 상품별 비용으로 배분한다.

이 5단계 이익 구조를 매월 경영 회의 등에서 검토하면, '이익이 감소했을 때 어느 상품의 어느 단계에서 문제가 발생했는지' 한눈에 파악할 수 있다. 또한, 매출이 증가하고 있는 상품에 대해서도 '이대로 계속 확장해도 좋은지' 혹은 '현재의 확장 방식에 위험 요소는 없는지' 등을 판단하는 데 도움이 된다. 즉, 상품별 이익구조와 문제점을 정확하게 분석하는 동시에 무분별한 매출 확대에 따른 리스크도 방지할 수 있게 되는 것이다.

3장 테크니컬 운영의 본질

테크니컬 운영이란 이미 배포된 크리에이티브에 대한 고객 반응 데이터를 기반으로 광고 노출 방식을 조정하는 작업을 말한다. 광고 노출 방식은 다음과 같은 다양한 설정 항목으로 구성되어 있다.

- 클릭당 입찰 단가는 얼마로 설정할 것인가?
- 어떤 타깃에게 광고를 노출할 것인가?
- 어떤 시간대에 광고를 노출할 것인가?
- 어떤 캠페인을 구성하고, 어떤 머신러닝을 적용할 것인가?
- 일반적인 방식으로 광고를 송출할 것인가, 아니면 리타기팅을 할 것인가?

이런 설정 항목을 실제 광고 집행 결과를 바탕으로 조정하여, '가장 적은 광고비로 최대한 많은 고객을 확보'할 수 있도록 최적화해 가는 것이다.

대체로 회사 예산이나 자기 자본으로 광고를 운영할 때는 시간 단위로 성과를 확인하고 광고를 조정한다. 광고비 손실이 발생하면 즉시 중단해야 하기 때문이다. 아침에 입찰 단가를 조정하고, 몇 시간 간격으로 성과를 확인하는 것도 흔한 일이다. 반면 광고대행사처럼 타인의 예산으로 광고를 운영할 때는 주 단위로 조정하는 경우가 많다. 이 조정 빈도의 차이가 곧바로 성과의 차이로 이어진다. 일반적으로 후자가 전자의 성과를 따라잡기란 거의 불가능하다. 누구의 예산을 사용하든 상관없이, 항상 내 일처럼 여기고 시간 단위로 꼼꼼하게 조정하는 사람만이 이 분야에서 성공할 수 있다.

59

디지털 오퍼레이터와 웹 마케터의 차이

어떤 캠페인의 CPO가 상한선을 초과하여 이를 해결해야 하는 과제가 있다고 생각해 보자. '시간대별'로 CPO를 분석해 보니,

낮에는 목표 CPO를 초과하고 밤에는 목표치 이내로 유지되고 있었다.

이때 단순히 '낮 시간대 광고 송출을 중단하고, 밤 시간대에만 집중하면 전체 CPO가 목표치 이내로 맞추어질 것'이라고 생각할 수 있다. 하지만 이런 식의 조정은 정해진 분석 틀만 있다면 누구나 할 수 있는 일이다. 이런 업무는 전문 웹 마케터가 아니라 디지털 오퍼레이터의 업무이며, 앞으로 광고 매체의 자동화 알고리즘에 의해 대체될 가능성이 높다. 더욱이 이런 방식을 사용하면 고객을 획득하는 건수가 줄어들고 사업 축소로 이어질 수 있다.

진정한 웹 마케터라면 '왜 낮과 밤의 CPO가 다른가?'라는 근본적인 이유를 찾아서 개선 방안을 찾아야 한다. CPO가 다른 이유는 CPC나 CVR 등에 차이가 있기 때문이다.

데이터를 분석한 결과, 낮 시간대의 CVR이 밤 시간대보다 낮다는 사실을 발견했다고 하자. 같은 광고와 LP를 사용하는데도 왜 낮과 밤의 CVR에 차이가 발생하는지 그 이유를 고민해 보아야 한다.

가설을 세워 보면, 낮 시간대에 스마트폰을 보는 사람들은 주로 출퇴근 중이거나 업무 중 또는 집안일을 하면서 틈새 시간을 활용해서 보는 경우가 많다. 예를 들어 전철로 이동하는 중에 광고를 보고 있던 상황이라면 목적지에 도착하는 즉시 화면을 끄기 때문에 페이지 체류 시간이 짧을 수 있다. 이런 경우 고객이 광고에 흥미를 느껴 클릭했더라도 구매 결정을 내릴 만큼 집중해서 내용을 보지 못했을 가능성이 높다.

여기까지 생각이 이르렀다면, 이런 상황에 어떻게 대응할지 구체적인 방안을 마련한다. 예를 들어 낮 시간대에는 정보 탐색 시간이 짧다는 점을 고려하여 핵심 내용만 담은 짧은 버전의 LP로 교체하거나, 당장 구매하지 않더라도 나중에 다시 찾아볼 수 있도록 '즐겨찾기 추가' 기능을 안내하여 재방문을 유도하는 방법도 고려해 볼 수 있다. 또한, 낮에는 방문 이력이 있는 사람을 대상으로 리타기팅 광고의 '표적 모으기'에 집중할 수도 있다. CPC가 저렴한 영역에 폭넓게 광고를 노출한 뒤 구매 가능성이 높은 밤 시간대에 이들을 대상으로 리타기팅 광고를 집중하여 구매를 유도하는 전략이다.

이처럼 '낮 시간대 광고를 중단하고 효율이 좋은 시간대만 유지'하는 식의 대응이 아니라, '낮 시간대의 효율을 개선하여 목표 CPO 내에서 CVR을 확대하는 방법'을 모색하는 것이 프로 웹 마케터의 역할이다.

간단히 말해 데이터를 보고 직접 광고 설정을 조정하는 것이 디지털 오퍼레이터라면, 데이터를 보고 고객 행동에 대한 가설을 세워 전략적인 대응책을 마련하는 것이 웹 마케터다.

테크니컬 운영을 제대로 하려면 데이터에 숨겨진 의미를 읽어내는 능력, 즉 '데이터 독해력'을 갖추어야 한다.

60

데이터 독해력 기르기

'데이터' 속에서 인간의 '행동 패턴'을 발견하고 그 행동이 나타나는 배경을 이해하여 판매 촉진으로 연결하는 것이 진정한 마케팅이다. 이는 마케팅의 본질이며 그 사실은 온라인 마케팅이든 오프라인 마케팅이든 다르지 않다.

이를 잘 보여주는 실제 사례들을 함께 살펴보자.

60-1. 맥주와 기저귀, 그리고 넥타이

유명한 사례 중 하나로, 미국의 한 쇼핑센터에서 고객 구매 데이터를 분석한 결과 '캔맥주를 사는 사람은 기저귀를 함께 사는 경향이 있다는 점'을 발견했다. 하지만 이 데이터를 보고 캔맥주 구매자에게 "기저귀도 함께 구매하시겠습니까?"라고 추천하는 것은 잘못된 접근이다. 당연하게도 캔맥주를 사는 사람이 모두 기저귀를 사는 것은 아니므로 고객은 왜 기저귀를 추천하는 건지 의아하게 여길 수 있다.

중요한 것은 '왜 캔맥주를 사는 사람 중에 기저귀도 함께 사는 경우가 많은지' 그 배경을 이해하는 것이다. 캔맥주와 기저귀 사이에 직접적인 연관성을 찾기는 어렵지만, 두 상품에 숨겨진 연결고리를 파악하지 못하면 매출을 늘리기 위해 무엇을 해야 할지 알 수 없다. 도저히 이유를 알 수 없었던 한 마케터는 일주일 동안 직접 매장 계산대 앞에서 고객들을 관찰하기로 했다. 관찰 결과, 혼자 나르기 힘든 무거운 상품을 주말에 자동차로 쇼핑하러 온 부부가 한꺼번에 구매하는 경향이 있다는 것을 발견했다. 그 대표적인 상품 조합이 바로 기저귀와 캔맥주였다. 이후 쇼핑센터는 '주말 장보기 코너'를 신설하여 기저귀와 캔맥주는 물론, 생수, 분유, 화장지, 세제, 반려동물 사료, 고양이 모래 등 무거운 생활필수품을 한곳에 모아 진열했고 주말 매출을 크게 끌어올리는 데 성공했다.

또 다른 사례로, 한 백화점 체인의 어느 지점에서는 유독 넥타이 매출이 부진했다. 여러 번 상품 구성을 바꾸어보고 최신 유행 넥타이를 들여오기도 했지만, 매출은 좀처럼 오르지 않았다.

그런데 같은 체인의 다른 지점을 조사해 보니 같은 상품 구성으로도 넥타이가 잘 팔리고 있었다. 담당자는 '혹시 이 지역 사람들은 넥타이를 잘 매지 않는 걸까?'라고 생각했지만, 주변 경쟁 매장이나 행인들의 복장을 보면 꼭 그런 것도 아니었다. 도무지 이유를 알 수 없었던 그는 하루 종일 넥타이 매대에 머물며 상황을 관찰했다. 관찰 결과, 문제는 고객의 동선에 있었다. 넥타이 매대는 통로를 사이에 두고 양말 매대와 마주 보고 있었는데, 이 양말 매대가 워낙 인기가 많았다. 통로에는 양말을 사려는 손님들로 항상 붐볐고, 그 탓에 넥타이를 보려는 손님이 접근하기 힘든 구조였다. 결국 진열대를 옮겨 통로를 넓혔더니 넥타이 매출이 급격히 늘어났다. 문제는 '상품 구성'이 아니었던 것이다.

이처럼 데이터상에서 어떤 현상을 발견했을 때, 고객이 그렇게 행동한 이유를 잘 알아보면 매출을 크게 끌어올릴 실마리를 찾을 수 있다. 그 이유를 알아내고자 할 때 고객의 행동이나 정량적 설문조사와 같은 '데이터' 분석에만 의존하는 것이 아니라, 고객의 실제 행동을 '직접' 관찰하고 물어보는 방법이 가장 효과적이다.

컴퓨터 화면 속 숫자나 데이터는 문제 해결의 힌트를 제공할 뿐, 그것만 들여다보고 있어서는 통찰력을 기를 수 없다. 데이터의 진정한 의미를 읽어내려면 '숫자'와 '인간의 삶'과 '인간의 심리'를 함께 보아야 한다.

60-2. 실현되지 않은 '도시형 SUV'

1980년대 후반, 그때까지 세단이 주류였던 일본 자가용 시장에 SUV 열풍이 불었다. 여러 자동차 회사에서 앞다투어 SUV 신차를 출시했고 야외 활동을 즐기는 젊은 층을 중심으로 세단에서 SUV로 바꾸는 사람들이 급증했다.

한 일본 자동차 제조사는 이 유행에 뒤처지지 않기 위해 서둘러 SUV 제품 기획에 착수했고, 그 첫 단계로 기존 SUV 운전자를 대상으로 설문조사를 실시했다. 그런데 조사 결과 흥미로운 데이터를 얻었다. "SUV를 주로 어디서 운전하시나요?"라는 질문에 90% 이상의 응답자가 "도시에서만 운전한다"라고 답한 것이다.

SUV는 본래 비포장도로 주행을 위한 사륜구동 차량이다. 하지만 설문 결과 90% 이상이 도시 내 주행에만 사용하고 있어 오프로드 성능이 거의 활용되지 않고 있다는 사실이 드러났다. 이에 따라 회사는 곧 오프로드 성능 대신 도시 주행에 최적화된 '도시형 SUV'를 개발하기로 하고, 실제 SUV 사용자들을 대상으로 심층 인터뷰를 진행했다. 그러자 실제 운전 시간의 90%는 도시 주행이지만, 주말의 짧은 시간이라도 오프로드를 즐기거나 그 감성을 느끼고 싶어서 SUV를 탄다는 응답이 많이 모였다. 그 말은 즉, SUV가 오프로드 성능이 없는 '도시형'으로 바뀐다면 "구매하지 않겠다"라는 충격적인 답변이 돌아온 것이다. 이 조사 결과를 바탕으로 회사는 급히 방향을 수정하여 도시형 대신 오프로드 성능을 갖춘 SUV로 제품 기획을 변경했다.

이 사례에서 알 수 있듯이, 숫자로 표현되는 데이터는 어디까지나 데이터일 뿐이며 그것만으로 의사결정을 내려서는 안 된다. 그 데이터의 배경에 있는 '인간의 감정'을 이해해야 독선적이고 잘못된 판단을 피할 수 있다.

61

이해관계 파악과 테크니컬 운영

여기서부터는 다소 기초적인 내용을 다루지만 테크니컬 운영을 하면서 꼭 이해하고 있어야 할 중요한 사항이므로 간단히 짚고 넘어가려고 한다. 이미 잘 안다고 생각한다면 넘어가도 좋지만 실제로는 안다고 착각하는 경우가 많지 않을까 싶다.

먼저 웹광고의 세계에서는 광고주, 매체, 소비자라는 세 주체의 관점을 정확히 이해할 필요가 있다. **상대방의 입장을 모르고서는 비즈니스에서 이익을 낼 수 없다.**

여기까지 읽은 독자라면 이미 알고 있겠지만, 우리가 광고하고 싶다고 해서 무조건 광고를 실어줄 매체도 없고, 우리가 제품을 팔고 싶다고 해서 소비자들이 무조건 사주는 것도 아니다.

그리고 이것 역시 매우 기본적인 이야기지만 웹광고에서는 '광고비가 발생하는 시점', 즉 과금 방식에 대해서도 정확히 이해하고 있어야 한다. 광고주가 어떤 사이트에 광고를 게재하려고 할 때, 다음과 같은 고민을 하게 된다.

- 언제 광고비가 부과되는가?
- 사이트에 광고가 노출되는 순간인가?
- 광고가 클릭된 시점인가?
- 아니면 제품이 실제로 팔린 시점인가?

실제로는 이 모든 과금 방식이 존재한다. 각 방식에는 장단점이 있으며 그 장단점은 광고주와 매체에 각각 정반대로 작용한다. 웹광고의 구조를 이해하는 것은 앞서 말한 '상대방을 이해하는 과정'으로 이어지며, 나아가 '상대방을 이해한 상태에서 자신에게 가장 유리한 방법을 찾기 위한 밑바탕'이 된다.

61-1. 웹광고의 기본적인 이해관계 구조

먼저 가장 기본이 되는 웹광고의 자금 흐름과 이해관계에 대해 간단히 알아보자. 웹광고는 다음과 같은 흐름으로 진행된다(그림17 참조).

① 광고주가 매체의 광고 게재 공간을 구매하여 광고를 송출한다.

② 매체는 광고 게재 공간에 광고를 노출한다.

③ 소비자가 광고를 보고, 클릭하거나 제품을 구매한다.

그림17 웹광고의 이해관계

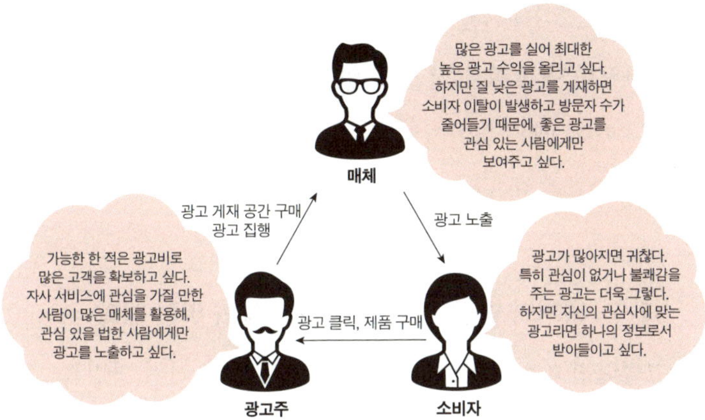

또한, 웹광고 집행 방식에는 다음 3가지 입찰 방식이 있다.

① 노출당 지불 방식

② 클릭당 지불 방식

③ 전환당 지불 방식

광고주로서는 광고가 노출되었다고 해서 소비자가 반드시 본다는 보장이 없고, 클릭했다고 해도 구매로 이어지지 않으면 이익이 발생하지 않는다. 따라서 성과 발생 시에만 비용을 지급하는 방식을 선호하게 된다. 3가지 방식 중에서 ③이 가장 이상적이고, 그다음이 ②, 마지막이 ①이다.

한편, 매체의 입장은 광고주와 정반대다. 가장 이상적인 방식은 ①이고, 그다음이 ②, 마지막이 ③의 순서다. 광고를 게재하더라도 제품이 팔릴지 확신할 수 없고, 판매 시에만 광고비를 받는다면 수익이 매우 불안정해진다. 따라서 매체로서는 광고 표시에 대해 비용을 받는 방식이 가장 좋다.

61-2. 매체의 입장: 광고 수익을 늘리기 위한 전략

그렇다면 매체는 광고 수익을 늘리기 위해 어떤 방법을 사용할까? 크게 다음 2가지로 나눌 수 있다.

① 광고 노출 횟수를 늘린다.

② 노출 1회당 단가를 올린다.

단순히 광고 단가만 올리면 광고주들이 떠나버리기 때문에, 매체는 소비자의 관심사를 분석하여 '해당 광고에 관심이 있을 가능성이 높은 소비자'에게 우선적으로 광고를 표시한다. 이를 통해 광고를 1회 표시할 때마다 광고주가 얻게 될 이익을 늘리고 단가를 인상할 명분으로 삼는 것이다.

이런 노력으로 더 많은 광고주를 유치하게 되면, 매체는 한정된 광고 게재 공간을 경매 방식으로 판매함으로써 자연스럽게 광고 단가가 상승하도록 유도한다.

61-3. 광고주의 입장: 이익을 늘리기 위한 전략

광고주가 광고를 통해 이익을 늘리는 방법도 크게 2가지가 있다.

① 적극적으로 광고를 집행하여 고객 확보율을 늘린다.

② 광고비 대비 고객 확보율을 높인다.

광고주는 이익을 늘리기 위해 가능한 한 다양한 매체에 많은 광고를 노출하고자 한다. 하지만 동시에 비용 효율성 또한 중요하므로, 자사 제품과 매체 사용자 간의 성향이 맞는지 판단하고, 광고를 노출할 사용자 범위를 좁혀 효율을 높인다.

62
광고 입찰 경쟁에서 이기는 법

매체가 보유한 광고 게재 공간은 당연히 한정되어 있으므로, 여러 광고주가 하나의 공간을 희망하면 입찰 경쟁이 발생한다. 이때 매체는 '어떤 광고주의 광고를 게재해야 우리에게 가장 이익이 되는가?'를 판단하여 제일 유리한 조건의 광고주에게 광고 게재권을 준다.

매체가 '어떤 광고주의 광고를 게재해야 우리에게 가장 이익이 되는가?'를 판단할 때, 앞서 소개한 3가지 입찰 방식이 중요한 기준이 된다.

① 노출당 지불 방식

② 클릭당 지불 방식

③ 전환당 지불 방식

①은 단순히 '가장 높은 입찰 금액을 제시한 광고주'가 선정된다.

②는 '입찰 금액×클릭률이 가장 높은 광고주'가 선정된다. 예를 들어, 광고주 A는 클릭 1회당 1,000원을 입찰했고 클릭률이 1%였다. 반면, 광고주 B는 클릭 1회당 500원을 입찰했고 클릭률은 3%였다.

이 두 광고주에게 매체가 100회의 노출 기회를 준다고 가정했을 때, 매체의 예상 수익은 다음과 같다.

- 광고주 A: 광고 100회 노출×1%(클릭률) = 1회 클릭 → 클릭 1회당 1,000원이므로 광고비는 1,000원
- 광고주 B: 광고 100회 노출×3%(클릭률) = 3회 클릭 → 클릭 1회

당 500원이므로 광고비는 1,500원

이 경우, 광고주 B에게 게재 공간을 제공하는 편이 더 큰 수익을 기대할 수 있다. 매체는 '노출 횟수 대비 예상 수익이 가장 큰 광고'를 가장 이익이 되는 광고로 간주한다. 따라서 비용 지급 조건이 '클릭'인 경우, '입찰 금액×클릭률'의 값이 가장 큰 광고주를 선택한다.

③도 ②와 비슷하게 '입찰 금액(전환 1회당 지급 금액)×노출 횟수당 구매율(클릭률×클릭 후 구매율)'의 값이 가장 높은 광고주가 선정된다. 광고비 지급 조건이 '전환(구매나 계약 성립)'이므로, 이 두 값의 곱이 가장 큰 광고를 매체에 가장 이익이 되는 광고로 간주한다.

참고로 ①, ②, ③ 모두 경쟁 광고 간 예상 수익 기여도가 비슷할 때는 '소비자에게 더 유익하다고 판단되는 광고'를 우선하여 게재할 가능성이 높다. 소비자로부터 부정적인 피드백이 많은 광고는 다른 광고에 비해 노출 빈도가 낮아질 수 있다.

63

광고 송출에 필요한 4가지 노력

광고를 통해 이익을 얻으려면 광고주는 3단계를 거쳐야 한다.

① 광고를 송출(노출)한다.

② 광고를 클릭하게 한다.

③ 광고를 통해 상품을 구매하게 한다.

이 3가지를 모두 달성해야 하지만, 당연히 그 첫걸음은 광고를 소비자에게 송출(노출)하는 것이다. 이를 위해서는 앞서 설명한 광고 입찰 경쟁에서 이겨야 하며 여기에는 다음 4가지 노력이 필요하다.

① 입찰 금액 높이기

② 광고 클릭률 높이기

③ 광고 클릭 후 구매율 높이기

④ 소비자에게 좋은 인상을 주는 광고와 LP 만들기

이 4가지 노력을 입찰 방식별로 각각 자세히 알아보자.

63-1. ① 노출당 지불 방식에서 필요한 노력

앞서 광고 노출에 기반한 방식일 때는 '입찰 금액'만으로 경쟁의 우열이 결정된다고 설명했다. 이 말만 들으면 광고 클릭률이나 구매율을 높일 필요가 없다고 생각할 수 있다.

하지만 실제로는 그렇지 않다. '더 높은 금액으로 입찰하려면 결국 노출 수(또는 클릭 수) 대비 최종 구매율을 높여야 하기 때문'이다.

예를 들어 상한 CPO가 8만 원인 상품 A가 있다. 이때, 광고 클릭률이 10%이고, 클릭 후 구매율도 10%라고 가정하면, 노출 횟수 대비 구매율은 다음과 같다.

광고 클릭률 10%×클릭 후 구매율 10% = 노출 횟수 대비 구매율 1%

즉, 광고가 100회 노출되면 1명이 구매하므로, 100회 노출당 8만 원의 광고비를 지급하면 상한 CPO 8만 원으로 상품 1개를 판매할 수 있다(**그림18** 상단 참조).

그런데 만약 클릭률을 20%로 개선할 수 있다면 어떻게 될까? 클릭 후 구매율은 그대로 10%라고 가정하면, 노출 대비 최종 구매율은 2%로 2배가 된다. 즉, 똑같이 100회 노출당 8만 원의 광고비를 지급하면, 상품이 1개가 아니라 2개 판매되는 것이다(**그림18** 하단 참조). 다시 말해, 상품 1개를 판매하는 데 드는

그림18 노출당 지불 방식의 예시

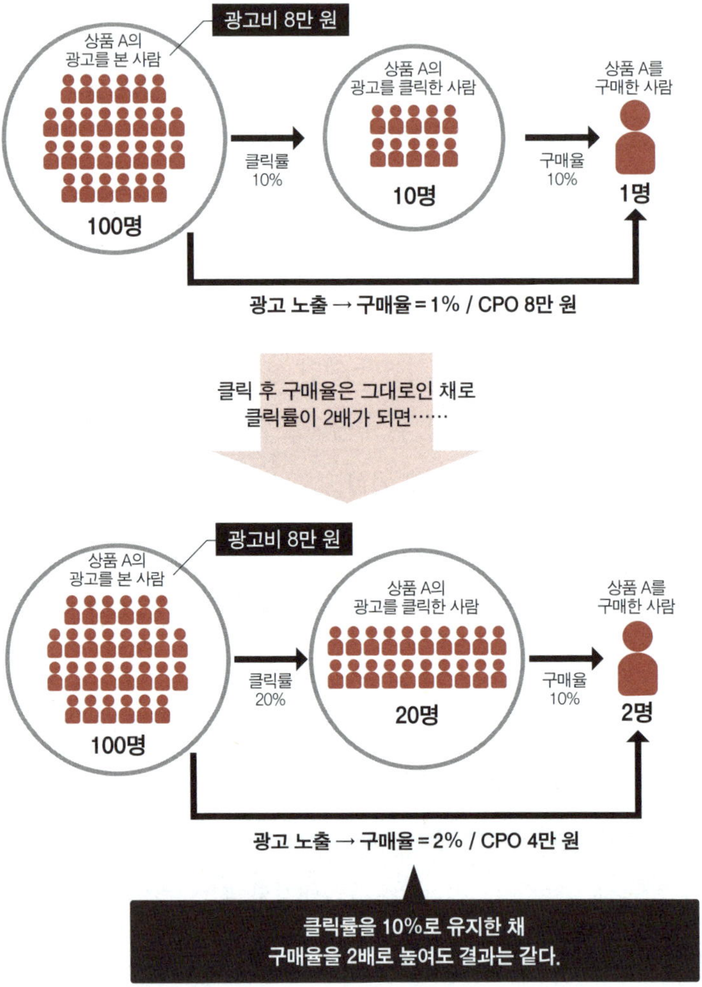

CPO가 4만 원으로 낮아진 셈이다.

상한 CPO가 8만 원이므로 100회 노출당 2개를 판매한다면 최대 16만 원까지 광고비를 지급해도 수익성이 맞다. 따라서 경쟁사가 100회 노출당 8만 원으로 입찰할 때, 우리는 16만 원으로 더 높게 입찰하여 우선순위를 확보할 수 있게 된다.

이처럼 노출 기반의 입찰 방식이라 할지라도 더 높은 금액으로 입찰하여 경쟁 우위를 확보하기 위해서는 결국 광고 클릭률과 구매율을 개선하는 노력이 꼭 필요하다는 것을 알 수 있다.

덧붙여, 노출 기반 과금 방식은 '광고가 100회 노출된 후 100번 클릭되어 100명이 구매한 경우'나 '광고가 100회 노출된 후 1명도 클릭하지 않고 1명도 구매하지 않은 경우'나 지급하는 광고비는 같다. 그렇다면 당연히 클릭 수라도 많이 발생하는 광고가 더 낫다고 생각할 수 있다. 하지만 클릭만 유도하고 실제 구매로 이어지지 않는다면 아무런 의미가 없다. 예를 들어 "100명에게 100만 원 증정!"과 같은 자극적인 문구로 클릭을 유도한 뒤, 소비자가 전혀 관심 없는 상품 페이지로 연결한다면 당연히 구매는 일어나지 않는다.

63-2. ② 클릭당 지불 방식에서 필요한 노력

이어서 광고 클릭 횟수에 따라 광고비를 지급하는 입찰 방식에 대해 생각해 보자. 앞서 설명한 바와 같이, 이 방식은 '입찰 금액×클릭률'의 값이 가장 큰 광고가 입찰 경쟁에서 승리한다. 따라서 입찰 경쟁에서 이기기 위해서는 다음과 같은 2가지 노력이 필요하다.

- 입찰 금액 높이기
- 광고 클릭률 높이기

입찰 금액을 높이려면 앞선 ①번 방식과 마찬가지로 '광고를 클릭한 소비자의 구매율을 높이는 노력'이 꼭 필요하다.

앞서 예로 든, 상한 CPO가 8만 원인 상품 A를 기준으로 설명한다. 광고 클릭률이 10%, 클릭 후 구매율도 10%일 때, 광고 표시 횟수 대비 구매자 비율은 앞선 경우와 마찬가지로 1%이다.

광고 클릭률 10%×클릭 후 구매율 10% = 노출 횟수 대비 구매율 1%

상품 A 1개를 판매하기 위해 지출할 수 있는 최대 광고비는 8만 원이므로, 입찰 금액의 상한은 클릭 10회당 8만 원(1회 클릭당 8,000원)이 된다. 광고 노출 횟수에 따라 광고비를 지급하는 방식과 달리 클릭 횟수에 따라 상한이 결정되는 것이다.

앞서 '① 노출당 지불 방식'에서는 광고 클릭률을 높이거나 클릭 후 구매율을 높이는 2가지 방법 모두 입찰 경쟁력 강화로 이어졌다. 하지만 이번 '②클릭당 지불 방식'에서는 '클릭' 자체에 비용이 발생하므로, 클릭률만 높여서는 입찰 금액의 상한을 올릴 수 없다.

실제로 확인해 보자. 다시 그림18의 하단을 보면, 상품 A를 2개 판매하는 데 클릭이 20회 발생했다. 이는 상품 A 1개를 판매하는 데 여전히 클릭 10회가 필요하다는 뜻이다. 따라서 입찰 금액의 상한은 이전과 똑같이 10회 클릭당 8만 원, 즉, 클릭당 8,000원이다.

반대로 광고 클릭 후 구매율을 높이는 경우를 생각해 보자. 클릭 후 구매율을 2배로 높이면 클릭 10회만으로 상품 A가 2개 판매된다. 즉, 상품 1개를 판매하는 데 필요한 클릭 수가 5회로 줄어든다. 상품 A를 1개 판매하는 데 지출할 수 있는 광고비가 8만 원이므로, 입찰 금액의 상한은 클릭 5회당 8만 원(1회 클릭당 16,000원)이 되어 입찰 금액이 2배로 증가한다. 즉, 클릭 횟수에 따라 광고비를 지급하는 입찰 방식에서는 '구매로 이어지는 클릭의 비율'을 높이는 것이 핵심이다(그림19 참조).

여기서 클릭당 지불 방식의 딜레마를 눈치챈 사람도 있을 것이다. 클릭 횟수에 따라 광고비를 지급할 경우, 광고주로서는 '입찰 경쟁에서 이기기 위해 광고 클릭률을 높여야 한다'라는 목표와 '실제 구매 가능성이 높은 소비자만 클릭하게 하여 클릭 후 구매율을 높여야 한다'라는 목표가 동시에 존재하며, 이 2가지

그림19 클릭당 지불 방식의 예시

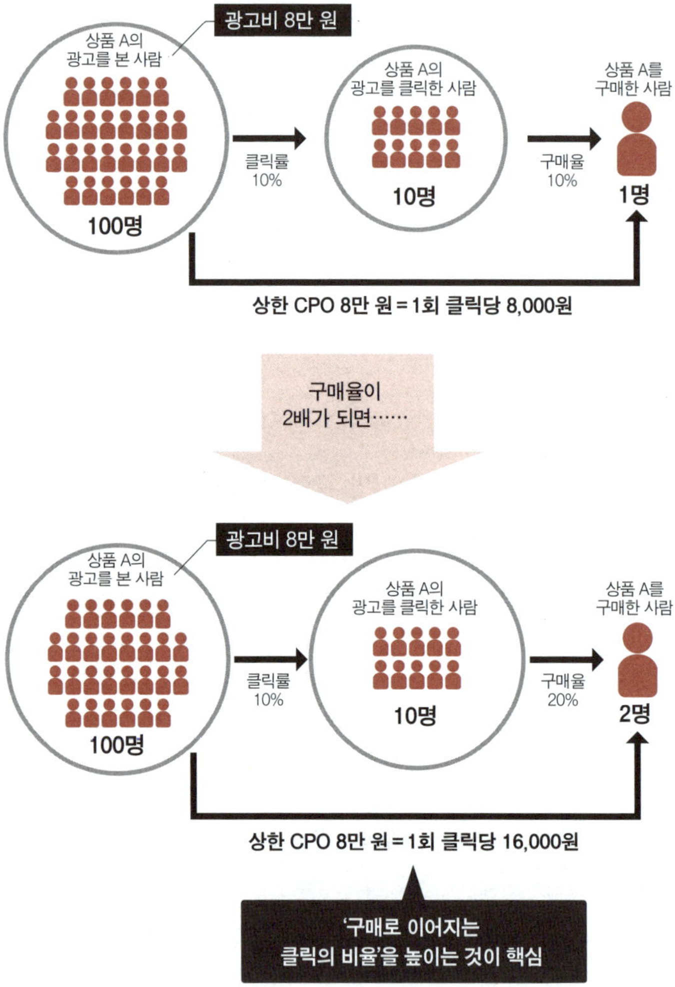

를 모두 달성해야 하는 어려움이 있다. 결국 입찰 방식에 따라 추구해야 할 이상적인 형태가 달라지는 것이다.

63-3. ③ 전환당 지불 방식에서 필요한 노력

이 입찰 방식에서는 상품별로 정해진 상한 CPO 이상으로 입찰 금액을 높일 수 없다(상한 CPO 자체를 올리는 노력도 가능하지만, 여기에서는 생략한다).

그 대신 광고의 표시 횟수 대비 구매율(광고 클릭률×클릭 후 구매율)을 높이는 데 집중해야 한다. 기본적인 접근 방식은 ① 노출당 지불 방식의 경우와 비슷하다. 노출 횟수 대비 구매자 수를 늘리는 것이 목표이므로, 최대한 많은 사람의 클릭을 유도하고, 그중 최대한 많은 사람이 구매하도록 만드는 것이다. 이는 매체 입장에서 노출 횟수는 같지만, 더 많은 광고 수익을 안겨주는 광고주임을 의미한다.

64

4가지 포인트를 고려한 크리에이티브 제작

효과적인 BLP 활용법

광고를 게재할 때 크리에이티브팀의 역할은 크게 2가지로 나눌 수 있다. 이 2가지는 다음과 같다.

- 클릭률과 클릭 후 구매율이 높은 광고 제작
- 광고 클릭 후 방문 페이지에서의 구매율이 높은 페이지 제작

2가지 목표를 이루기 위해 고려해야 할 중요한 포인트는 다음 4가지이다.

① 타깃을 얼마나 깊이 이해하고 있는가?
② 광고와 클릭 후 연결되는 페이지의 내용이 얼마나 일치하는가?
③ 광고와 페이지 자체의 완성도가 높은가?
④ 광고 노출 대상, 광고 매체의 특성과 페이지가 잘 어울리는가?

많은 고객을 효율적으로 확보하려면, 다양한 접근 방식을 시도해 많은 사람의 반응(클릭)을 유도하고, 그들을 실제 구매로 연결하는 기술이 필요하다. 같은 고민이라도 사람마다 느끼는 강도가 다르고 문제에 대한 인식이나 해결 의지가 다르다. 또한 상품에서 느끼는 매력 포인트도 사람마다 다르므로 '인기 상품, 새로운 성분 함유, 할인 혜택, 간편함, 입소문' 등 여러 가지 관점에서 다양한 광고 표현을 준비해야 한다.

하지만 이렇게 소구점이 다양한 광고를 만들 때 문제가 되는

그림20 BLP의 역할

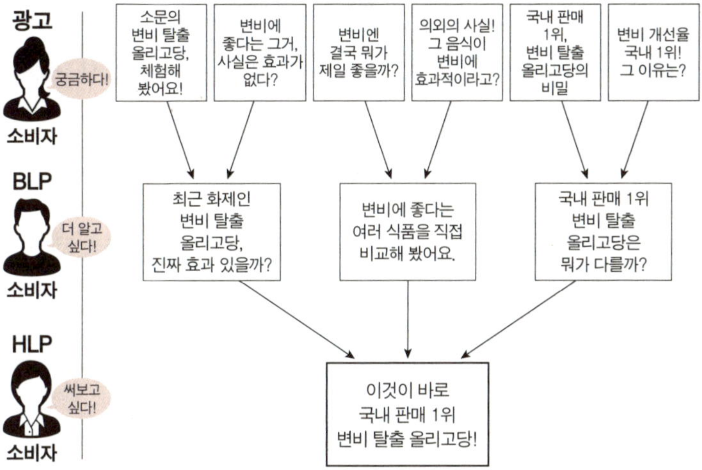

것이 **'광고와 HLP 사이의 일관성'**이다. 예를 들어 광고에서는 '입소문'을 강조했는데 막상 HLP에 관련 내용이 없다면 광고의 효과가 크게 떨어진다. 모든 정보를 한 페이지에 다 넣으면 좋겠지만, 정보량이 너무 많으면 오히려 거부감이 들어 구매율이 떨어질 수 있다. 그렇다고 페이지를 무수히 만들 수도 없으며 제삼자의 시점이나 특유의 감성 등 웹페이지 형식으로는 표현하기 어려운 요소도 있다.

이런 문제를 해결하는 데 중요한 역할을 하는 것이 광고와 HLP 사이를 연결하는 BLP다(그림20 참조). BLP를 활용하면 HLP를 직접 수정하지 않고도 다양한 표현을 시도할 수 있다(물론

HLP를 여러 버전으로 만드는 것이 좋지만, 작업량이 너무 많아진다는 문제가 있다). 이 BLP를 잘 활용하면 HLP에서는 표현하기 어려운 제삼자의 시각을 추가하거나, 정보성 콘텐츠 형태의 광고에서 HLP로 자연스럽게 연결하는 흐름을 만들 수 있다.

단, 앞서 설명했듯이 BLP를 사용할 때는 광고→BLP→HLP 사이의 이모션 릴레이를 일관성 있게 유지하는 것이 중요하다.

65

적절한 입찰 금액 설정하기

테크니컬 운영에 필요한 3가지 노하우

다음으로 광고 운영에 꼭 필요한 핵심 포인트를 알아보자. 광고를 운영할 때 중요한 사항은 다음 2가지다.

- 구매율 데이터를 기반으로 적절한 입찰 금액 설정하기
- 매체의 광고 노출 로직을 이해하여 광고 효율을 개선하기

이 목표들을 달성하는 데 중요한 노하우는 다음 3가지다.

① 각종 수치의 기본적인 의미를 이해하여 논리적인 판단 내리기

② 매체의 다양한 광고 기능을 직접 테스트하고 결과 분석하기

③ 매체의 입장과 알고리즘, 머신러닝의 작동 방식 이해하기

손실을 내지 않으려면 구매율 데이터를 기준으로 역산하여 입찰 금액을 조정해야 한다. 여기서는 클릭당 지불 방식을 예로 들어 설명한다.

이해를 돕기 위해, 다시 한번 상품을 1개 판매하는 데 최대 8만 원의 광고비를 투입할 수 있는 상품 A를 예로 든다. 현재 클릭당 1,000원으로 입찰했으며 클릭 후 구매율은 1%라고 가정한다. 즉, 100회 클릭하면 1개가 판매되는 계산이다. 이 경우, 상품 1개를 판매하는 데 드는 실제 광고비는 10만 원이 되므로, 상한 CPO 8만 원을 초과하여 손실이 발생한다(**그림21** 상단 참조).

따라서 클릭당 지급하는 입찰 금액을 조정해야 한다. 적정 입찰 금액은 다음 공식으로 구할 수 있다.

1건 판매당 지출할 수 있는 광고비×클릭 후 구매율

이번 예시에서는 8만 원×1% = 800원이므로, 클릭당 입찰가를 800원으로 변경해야 한다. 이렇게 조정하면 1건의 주문당 발생하는 광고비를 상한 CPO 8만 원으로 맞출 수 있다(**그림21** 하단 참조).

그림21 적절한 입찰 금액 설정하기(클릭당 지불 방식의 경우)

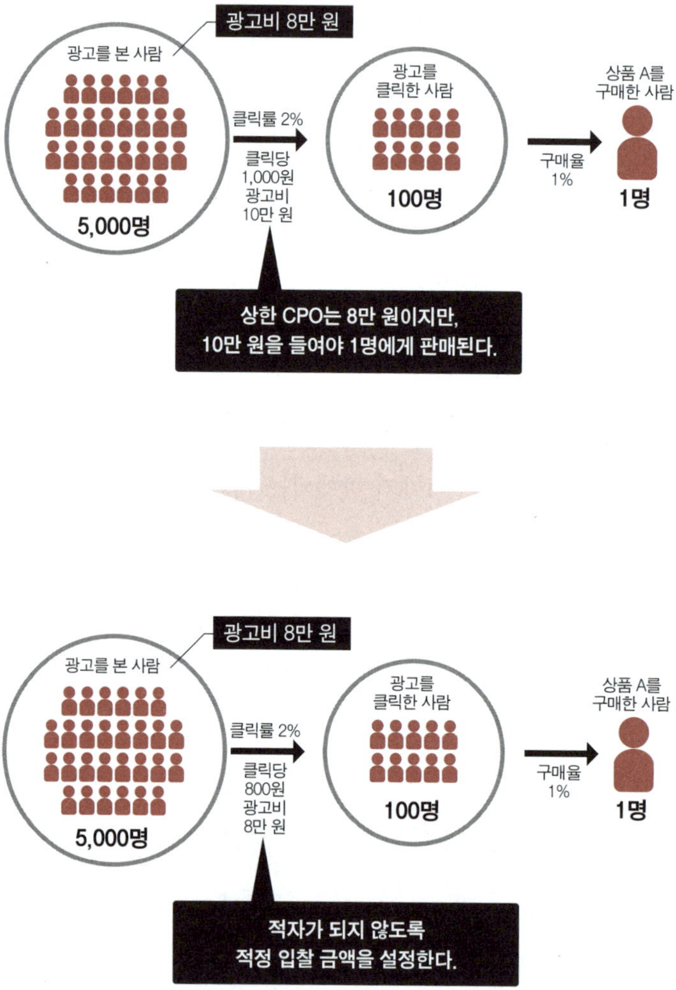

이외에도 매체가 제공하는 다양한 광고 기능을 테스트하거나 집행 결과를 분석하고 매체의 광고 노출 로직을 추론하는 등의 노력이 필요하다.

예를 들어 소비자로부터 부정적인 피드백이 많은 광고는 입찰 경쟁에서 불리해진다는 것도 매체 로직의 한 예이다. 마찬가지로, 클릭당 지불 방식에서 '입찰 금액×광고 클릭률'의 값이 똑같은 광고가 경쟁할 경우, 광고 클릭률이 더 높은 쪽이 입찰 경쟁에서 유리한 경향이 있다. 이 역시 기대 수익이 같다면, 더 많은 소비자의 흥미를 끈 광고를 노출하는 편이 장기적으로 플랫폼에 유리하다는 매체의 판단이 반영된 결과다.

66

세그먼트 기능은 왜 활용해야 할까?

광고를 집행할 때는 모든 소비자에게 똑같이 노출하지 않고 '우리 제품을 구매할 가능성이 높은 사람'에게 집중해서 보여주는 편이 효율적이다.

이처럼 '특정 소비자 집단으로 노출 대상을 좁히는 것', 혹은 그렇게 좁혀진 타깃층을 '세그먼트'라고 부른다. 세그먼트를 잘 활용하면 광고주, 매체, 소비자 모두에게 이득이 된다.

세그먼트 활용을 통해 광고 효율이 향상되는 원리는 **그림22**와 같다. 가장 이상적인 흐름은 그림의 맨 오른쪽처럼, '확실히 구매할 소비자에게 광고 노출 → 클릭률 100% → 구매율 100%'로 이어지는 형태다.

세그먼트를 적용하면 관심 없는 사람이나 구매 의향이 낮은 사람들을 걸러낼 수 있다. 따라서 클릭률과 클릭 후 구매율이 올라가고, 그만큼 고객 확보 효율이 개선된다.

세그먼트 작업이란 소비자를 깊이 이해하고 어떤 기준으로 타깃을 좁혀 나갈지 고민하는 일이다. 이를 통해 광고주, 매체, 소비자 모두가 이익을 얻게 됨은 말할 것도 없다. 예를 들어 상품 A의 광고비 한도가 8만 원이라면 그림22의 하단과 같은 전략을 세울 수 있다.

세그먼트라는 개념은 다소 추상적이므로, 이해를 돕기 위해 실제 사례를 함께 실어두었다.

그림22 세그먼트의 기본 개념

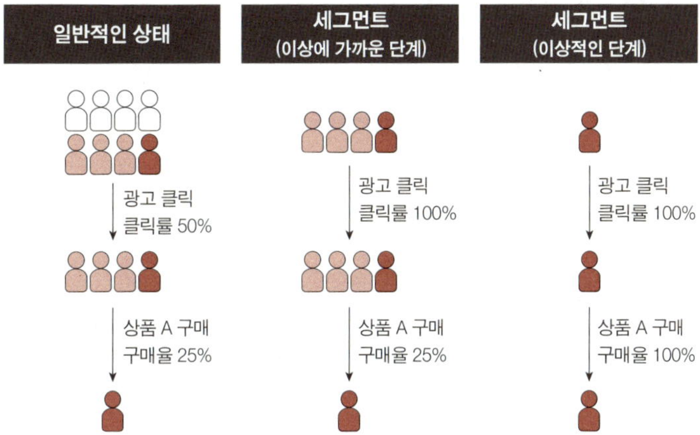

광고비 한도 8만 원

	일반적인 상태	세그먼트 (이상에 가까운 단계)	세그먼트 (이상적인 단계)
광고주	무의미한 노출이 많아 효율이 떨어졌다. 광고 1회 노출당 1만 원까지 지급 가능.	효율이 개선되어 불필요한 광고비가 줄었다. 광고 1회 노출당 2만 원까지 지급 가능.	낭비되는 광고비가 전혀 없다. 광고 1회 노출당 8만 원까지 지급 가능.
매체	광고 1회 노출당 가격이 1만 원을 넘으면 광고주가 광고를 내지 않게 되고, 소비자 이탈 우려가 있다.	광고 1회 노출당 가격을 2만 원까지 올려도 광고주는 계속 광고를 진행하며, 소비자 이탈 우려도 없다.	광고 1회 노출당 가격을 8만 원까지 올려도 광고주는 기꺼이 광고를 진행하고, 소비자에게도 긍정적인 반응을 얻을 수 있다.
소비자	관심 없는 광고가 나올 때가 있고, 그런 광고가 나오면 불쾌하다.	관심 없는 광고가 사라져 쾌적하다. 광고까지 포함해 관심 있는 정보를 얻게 된 느낌이다.	관심 있고, 실제로 사고 싶은 상품 정보만 보이니 오히려 편리하게 느껴진다.

**결론적으로 광고주에게는 불필요한 비용이 전혀 들지 않는 광고,
매체로서는 수익성이 높은 지속 가능한 광고,
소비자에게는 매우 유익한 정보가 된다.**

세그먼트 설정 예시

【제품명】

루미나필(자사 제품, 손등 전용 각질 제거제)

【타깃 고객】

손등에 있는 잡티가 신경 쓰이는 사람

【이상적인 세그먼트】

손등의 잡티 관리에 관해 검색하거나 게시글을 쓴 적이 있고 관련 정보 사이트를 방문해 본 사람

→ 하지만 온라인상에서 이렇게 명확한 행동을 보이는 사람은 적기 때문에, 이 세그먼트로는 하루 1건 정도의 주문밖에 확보할 수 없다. 매출을 확대하기 위한 타깃으로는 규모가 너무 작다.

【실제 세그먼트】

40대 이상 여성 중 네일숍에 다니는 것으로 추정되는 사람

【설정 근거】

네일숍에서는 네일 아티스트에게 오랜 시간 손등을 보여줘야 한다. 40대 이상이면서 네일숍에 다니는 사람이라면 손끝까지 미용에 신경 쓰는 사람일 가능성이 높다. 이들은 손등을 보이고 있을 때 잡티를 창피하게 느끼거나 '손등까지 깨끗하면 네일아트가 더 돋보일 텐데'라고 생각할 수도 있다. 또한, 네일숍에 관한 검색, 게시글 투고, 웹사이트 방문 등도 활발하여 이 세그먼트를 타깃으로 하면 하루 10건 정도의 주문 확보가 가능할 것으로 예상된다.

67

양질의 광고 매체를 만든 삿포로판 '핫페퍼'의 전략

지금까지 매체의 입장을 주로 금전적인 측면에서 설명해 왔지만, 한편으로 매체는 소비자 보호를 위한 '광고 심사 기준'을 따로 가지고 있다. 돈만 내면 어떤 광고든 실을 수 있는 것이 아니라 '이 광고가 소비자에게 유익한가?'라는 기준으로 심사하는 부서가 따로 존재한다.

특히 미용·건강 관련 상품의 광고주는 이 심사 부서 때문에 골치 아픈 상황을 겪곤 한다. 이 분야에는 법률에 따른 엄격한 규제가 있어 다른 광고보다 훨씬 심사가 까다롭기 때문이다. 하지만 심사 기능 덕분에 광고 매체가 신뢰를 유지하고 존속할 수 있다는 측면도 있다.

매체 심사의 중요성을 잘 보여주는 대표적인 사례가 바로 무료 쿠폰 정보지 '핫페퍼(Hot Pepper)'다. 요즘은 대부분 웹서비스로 전환되어 발행 부수가 줄긴 했지만, 한때는 무료 정보지 업계의 판도를 바꿀 만큼 큰 성공을 거두었다.

무료 정보지는 독자에게서 돈을 단 한 푼도 받지 않고 광고주로부터만 광고비를 받아 수익을 올린다. 이런 구조에서는 고객이 광고주이므로, 자연스럽게 광고주를 우선하여 사업을 운영하게 된다.

이런 무료 정보지에서 광고 효과가 가장 좋은 업종은 피부 미용이다. 그래서 영업 사원들은 피부 미용 업체를 집중적으로 공략하게 되고, 그 결과 지면이 피부 미용 광고로 도배된다. 이렇게 되면 아무리 공짜라 해도 독자들이 찾지 않는다. 결국 광고 효과가 떨어지고 광고주도 하나둘 떠나 폐간에 이르게 된다. 실제로 많은 무료 정보지가 이렇게 창간과 폐간을 반복하는 경우가 많았다.

무료 정보지 시장의 대표 주자였던 핫페퍼도 초기에는 이런 함정에 빠졌다. 당시 핫페퍼는 일본 전국의 주요 도시별 지역 정보지로 성장했지만, 점차 피부 미용 광고 일색이 되면서 독자가 이탈하고 폐간 위기에 몰리게 되었다.

그런 상황에서도 유일하게 성과가 좋았던 것은 '삿포로판' 핫페퍼였다. **삿포로판 핫페퍼의 편집장은 '정보지로서의 퀄리티를 유지하기 위해 피부 미용 광고의 비중은 50%를 넘기지 않는다' 라는 자체 규정을 세웠다.** 영업팀은 실적을 위해 여러 업체를 찾아다니지만, 제한이 없으면 광고를 따기 쉬운 피부 미용 광고만 잔뜩 들어오게 된다. 하지만 삿포로판은 피부 미용 광고가 전체의 50%를 넘으면 그 광고를 거절하거나 다른 업종의 광고를 유치하여 비율을 맞추도록 정해두었다. 실제로 피부 미용 업체의 광고를 거절하는 일이 많았다고 한다. 단기적인 수익만 보면 광고를 거절하는 것은 손해였고 어렵게 광고를 수주해 온 영업 사원들의 불만도 상당했다.

하지만 편집장은 "무료 정보지가 광고주만 바라보면 독자는 떠나게 되어 있다. 독자가 떠나면 결국 광고주도 떠난다. 독자를 먼저 생각하면 광고 효과가 높은 매체가 되고, 그런 매체가 되면 광고주는 자연히 따라온다"라고 말하며 뜻을 굽히지 않았다.

결국 전국의 다른 지역 핫페퍼도 삿포로판을 본받으라는 본사의 지침에 따라 피부 미용 광고 비중을 50% 이하로 낮추고, 음식점 등 다른 업종의 광고를 늘리는 방향으로 전환했다. 그렇게 핫페퍼는 무료 정보지 중 가장 인기 있는 매체이자 무료 정보지 사상 가장 큰 성공을 거둔 사례가 되었다.

이 사례에서 알 수 있듯이, 장수하는 매체는 반드시 '소비자 〉 광고주'의 원칙을 지킨다. 벤처 미디어는 초기에 매출을 위해 '소비자 〈 광고주'가 되기 쉽지만, 어느 시점에서든 이 우선순위를 뒤집지 않으면 점차 소비자의 외면을 받게 된다. 법률에 어긋나는 광고, 소비자에게 불쾌감을 주는 광고가 만연한 매체는 결국 소비자들이 떠나고 매체로서의 가치도 잃게 된다.

이런 이유로 웹광고 매체들은 광고 심사 부서를 운영하며 소비자 이탈을 유발할 수 있는 부적절한 광고를 걸러내고 매체의 품질을 유지하기 위해 노력하고 있다. 오래된 종이 매체나 방송 매체에 비해 역사가 짧고 자동화 기술도 부족하여 심사가 미흡

한 부분도 있지만, 그들 역시 매체의 생존을 위해 열심히 싸우고 있다.

소비자가 떠나면 매체는 결국 사라진다. 매체가 사라지면 광고주 역시 판로를 잃고 곤란해진다. 때로는 매체의 심사 결과가 불합리하게 느껴지고, 수긍하기 어려울 때도 있다. 그러나 매체 역시 노력하고 있다는 점을 이해하고, 그들과 협력하여 좋은 매체를 만들어가자는 자세로 임하는 것이 바람직하다. 광고주로서도 '매체의 가치를 높이는 데 기여하는 광고'를 지향해야 한다.

68

테크니컬 마케팅 분석의 기본 공식

테크니컬 마케팅의 방식은 매우 다양하고 시스템 사양 변경에도 계속 대응해야 하므로 핵심적인 기초 원칙을 잘 알아두는 것이 중요하다. 특히 다음 3가지 공식은 반드시 머리에 새겨두기를 바란다.

① CPO의 증감 요인

'CPC' 또는 'CVR'의 변동

※ CPC의 변동 요인 → '입찰 금액 조정' 또는 노출당 지불 방식의 경우 'CTR'의 증감

② ROAS의 증감 요인

'CPO' 또는 '객단가'의 변동

※ CPO의 변동 요인 → 'CPC' 또는 'CVR'의 증감

③ 전환 수의 증감 요인

'클릭 수' 또는 'CVR'의 변동

※ 클릭 수의 변동 요인 → '노출 수' 또는 'CTR'의 증감

※ CVR의 변동 요인 → 'BLP 전이율(HLP로의 이동 비율)' 또는 'HLP에서의 CVR(HLP에서 실제 구매에 이른 비율)'의 증감

문제가 발생했을 때는 이 기본 공식을 기준으로 어느 수치를 어떻게 개선해야 할지 판단하면 된다. 이 원리는 머리로는 누구나 알고 있다. 하지만 실제로는 CVR이 줄어들면 입찰 금액부터 곧장 올리려는 경우가 많다.

이 공식을 잘 숙지하고, 어떤 상황에서도 냉정을 유지하며 논리적으로 판단하는 것이 중요하다.

68-1. CPO의 증감 요인

①에서 말했듯이, CPO의 증감은 'CPC' 또는 'CVR'의 변동 때문이다. CPC가 높아지는 이유 중 하나는 애초에 설정한 입찰가 자체가 너무 높기 때문일 수 있다. 구글 등의 플랫폼에 광고를 낼 때, 알아서 해달라는 식으로 자동 입찰 설정을 걸어두는 웹 마케터도 많다. 그러나 이런 방식은 되도록 피해야 한다. 클릭 기준이든 전환 기준이든 입찰 금액은 직접 통제할 수 있도록 설정해야 한다.

또한, CVR이 낮아지는 대표적인 원인으로는 앞서 여러 번 언급한 '이모션 릴레이의 오류'가 있다. 이는 광고에 사용한 키워드, 광고 위치, 광고 문구, LP의 내용, 그리고 판매하는 상품 간의 메시지가 일관되지 않는 상황을 말한다. 상품 구매와 관련 없는 키워드나 위치에 광고가 노출되거나, 광고 문구가 상품과 맞지 않거나, LP의 내용이 상품 설명과 어긋나거나, 상품 자체가 고객의 기대에 못 미치는 경우가 많다. 불필요하게 광고비가 많이 드는 이유는 이 때문이다.

이런 문제가 발생하는 이유는 목표 설정이 '클릭률 또는 클릭 수 올리기', '문의율 또는 문의 수 늘리기', '구매율 또는 구매 수 증가' 등 부분 최적화에 맞춰져 있고, '영업이익 확보'라는 본래의 최종 목표에 집중하지 않기 때문이다. 광고, BLP, HLP 등의 제작 과정이 분업화되어 전체적인 흐름이 끊어지는 것도 원인

일 수 있다.

68-2. ROAS의 증감 요인

②에서 ROAS의 증감 요인은 'CPO' 또는 '객단가'의 변동이다. CPO에 관한 내용은 앞서 68-1에서 설명한 것과 같다.

객단가의 변동은 주로 CVR을 높이기 위해 할인 폭을 키웠을 때 발생한다. 가격을 낮추면 CVR이 올라가고, 전환 수가 늘어날 수 있다. 하지만 ROAS가 하락한다면 전체 이익은 오히려 줄어들 수 있으므로 섣부른 가격 인하에는 주의가 필요하다.

68-3. 전환 수의 증감 요인

③의 전환 수가 증감하는 요인은 '클릭 수' 또는 'CVR'의 변동이다. 이 두 지표의 변화는 내부 요인과 외부 요인의 양쪽 측면에서 분석해야 한다.

먼저 내부 요인부터 살펴보자. 클릭 수의 증감은 이익 창출로 연결되는 키워드를 제대로 선택했는지 검토해야 한다. 예를 들어 상품 중심의 키워드는 다 활용했더라도 고객 관점의 키워드를 놓치고 있을 수 있다. 제1부 2장 '사전 리서치'에서 소개한 키워드 조사법 등을 참고하여 기회손실이 없는지 점검해 보아야 한다.

또한, 광고가 다양한 니즈를 가진 잠재 고객들에게 제대로 전달되고 있는지도 살펴야 한다. 소비자 유형별로 공감할 수 있는 광고 문구를 만들고 어떤 잠재 고객도 놓치지 않도록 세심하게 접근하는 노력이 필요하다.

CVR의 증감과 관련해서는 소비자가 구매에 이르기까지의 과정에서 이탈이 많은 지점이 없는지 확인해야 한다. 예를 들어 주소 입력 단계에서 이탈률이 높다면 우편번호만 입력하면 주소가 자동 완성되는 기능을 넣는 것이 도움이 된다. 서비스 상품이라면 무료 체험 신청을 원클릭으로 간소화하는 등 소비자의 편의성을 높이는 조치가 필요하다.

다음으로 외부 요인을 알아보자. 클릭 수나 CVR은 자사의 노력만으로 결과가 좌우되지 않는다. 경쟁사가 어떤 광고를 내고, 어떤 페이지를 사용하며, 어떤 상품과 가격을 제시하는지에 따라 큰 영향을 받는다.

예를 들어 CPO가 높다고 해서 CPC를 낮추면, 경쟁사 광고만 보이고 자사 광고 노출이 급감하여 매출과 이익이 크게 떨어질 수 있다. 따라서 항상 경쟁 상황을 주시하면서 전략을 실행해야 한다.

이처럼 경쟁사의 활동은 자사의 광고 성과에 큰 영향을 미치지만, 경쟁사의 움직임에 어떻게 대응할지는 자사가 결정할 수 있는 부분이다. 그런 관점에서 보면, 경쟁사 대응은 외부 요인이면서도 동시에 내부에서 해결할 수 있는 과제라고 할 수 있다.

FUNDAMENTALS

×

TECHNICALMARKETING

제3부

미래의
마케터와
브랜드 전략의
방향

1장 우리가 지향해야 할 웹 마케터의 모습

시대는 끊임없이 변화하고, 이미 확립된 것처럼 보이는 마케팅 이론조차 절대적인 기준이 될 수 없는 세상이 되었다. 특히 웹 분야는 변화가 매우 빠르고, 세계 유수의 기업들이 밤낮으로 기술과 전략을 업데이트하고 있다.

나는 마케팅의 기본 원리와 기술적인 요소를 모두 깊이 있게 이해하고 이를 실제 업무에 적용할 수 있는 마케터야말로 우리가 지향해야 할 이상적인 모습이라고 생각한다. 또한 그것이 마케터로서 오랫동안 활약하기 위한 필수 조건이다.

그렇다면 제1부와 제2부에서 배운 역량을 모두 갖추면 어떤 마케터가 될 수 있을까? 그리고 우리는 어떤 마케터를 지향해야 할까? 이 장에서는 그 내용을 구체적으로 들여다본다.

69

단 한 줄의 카피로 사업의 미래를 읽을 수 있을까?

경험이 풍부한 음식점 경영자는 가게에 들어선 지 10분 만에 그 가게의 매출 규모나 수익 구조를 어느 정도 파악할 수 있다고 한다. 그 시간대와 요일의 손님 수를 보면 월간 방문자 수를 가늠할 수 있고, 메뉴를 보면 객단가를, 매장 크기와 테이블 수로 필요한 직원 수를, 가게 위치로 고정비용을, 그리고 음식의 질로 식자재 원가를 짐작할 수 있기 때문이다.

나 역시 단 한 줄의 광고 문구만으로 그 회사의 실적이나 전망을 어느 정도 짐작하게 될 때가 있다.

어느 날, 디자인이 아주 세련된 녹차 쇼콜라 제품의 LP를 본 적이 있다. 그 사이트에는 정사각형으로 놓인 녹차 쇼콜라 사진이 큼직하게 실려 있었고, 그 위에 '극상의 사각형'이라는 캐치카피가 적혀 있었다(**그림23** 참조).

나는 그 한 줄의 카피를 보고 '이 회사가 흑자 궤도에 오르기란 쉽지 않겠구나'라고 생각했다. 전자상거래 시장에서 수익성을 맞추려면 반복 구매가 꾸준히 일어나거나 객단가가 높아야 한다. 그런데 이 제품의 가격대는 반복 구매 없이 수익이 나기 어려운 수준이었고, 커뮤니케이션 설계도 반복 구매를 유도하는

그림23 극상의 사각형

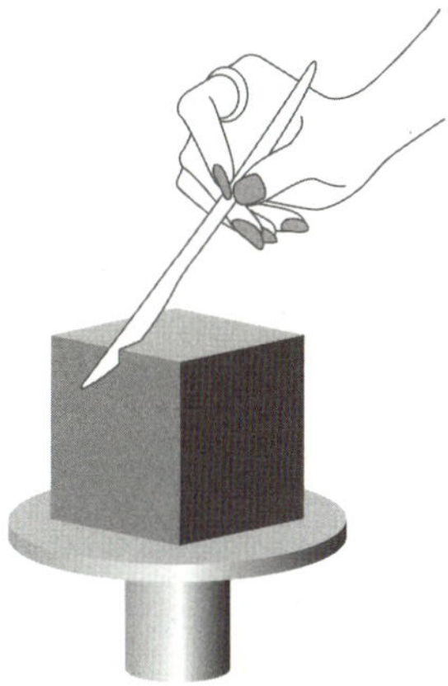

방향이 아니었다.

게다가 반복 구매를 일으키려면 제품 자체가 좋아야 함은 물론이고, 애초에 '반복 구매할 가능성이 높은 고객'을 핵심 타깃으로 잡아야 한다. 이 LP는 디자인이 매우 아름다워서 '디저트에 크게 관심 없는 사람'의 시선을 끄는 데는 성공할지도 모른다. 실제로 제작자도 그러한 의도로 LP를 만들었을 가능성이 크다. 단순히 광고 클릭이나 첫 구매를 유도하기 위한 광고로서는 옳은 전략일지 몰라도, 사업적인 관점에서는 중요한 시점이 빠져 있다. **디저트에 큰 관심이 없는 사람은 반복 구매율이 낮다는 중요한 사실을 간과한 것이다.**

상품에는 '본질적 가치'와 '부가적 가치'가 있다. 먹을거리라면 맛이 본질이고, 외형의 아름다움은 부가적인 가치에 해당한다. **부가적 가치에 끌려 한 번쯤 구매하는 사람은 있어도 본질적인 가치에 만족하지 않으면 반복 구매로 이어지지 않는다.**

이 회사는 가격대만 봐도 재구매 고객 없이는 성립되지 않는 비즈니스 모델이었다. 따라서 반드시 '맛'에 관심 있는 사람을 고객으로 확보해야 했고 그들에게 제품을 어필해야 했다. 디저트에 일가견이 있는 사람이라면 첫 문장에서 '맛'이 아닌 '모양'을 내세운 것만으로도 "여기는 외형이 전부인가 보네" 하고 흥미를 잃게 된다. 물론 개인차는 있겠지만 말이다. 설명의 비중이 '맛'보다 '비주얼' 쪽에 더 치우쳐 있다면 '맛에 자신이 없는 제품'이라고 광고하는 역효과를 낼 수 있다. 그 결과, 정말 맛있는 디저트를 찾고 있는 디저트 마니아들은 더 맛있어 보이는 다른 제품을 찾아 떠나게 된다.

'아름다운 사각형'이라는 점은 이미 사진으로 충분히 전해지므로 카피에서는 맛을 강조했어야 한다. 수익성을 맞추려면 처음부터 디저트에 관심 있는 고객을 중심에 두고 관심도가 낮은 고객은 그 뒤에 포섭하는 흐름이 되어야 했다. 그러나 이 LP는 비주얼에만 신경 쓰다 보니 정작 중요한 맛에 대한 기대감을 주지 못한 것이다. 전설적인 장인이 만들었다고 하면서도 그 장인에 대한 구체적인 이야기도 없었다. 이렇게 되면 정말로 디저트를 좋아하는 핵심 타깃을 놓치게 될 뿐이다.

사회학자 에버렛 로저스(Everett Rogers)가 제창한 '이노베이터 이론(Innovation Diffusion Theory)'은 쉽게 말해 신제품이나 기술은 이노베이터(Innovator, 혁신 수용자)가 먼저 구매하고 이후 일반 대중에게 확산된다는 이론이다. 이 이론에 비추어 보면, 이 회사는 디저트 시장의 이노베이터가 아닌 디자인이나 유행에 민감한 층만 공략한 셈이다. 물론 외형에 끌려서 산 사람도 맛이 좋으면 몇 번 정도는 재구매를 하겠지만, '맛'에 민감한 사람에 비하면 재구매율이 떨어진다. 게다가 디저트 치고는 가격대가 높은 편이라 웬만큼 맛있지 않으면 여러 번 사지 않는다. 아무리 맛있어도 여러 번 구매하는 사람은 결국 '상당한 디저트 애호가'에 한정된다.

따라서 초기에는 디저트 시장의 이노베이터를 확보하는 데 집중하고, 이들을 통해 가격은 비싸도 맛있다는 입소문을 퍼뜨려야 한다. 비주얼만으로 SNS에서 반짝 관심을 끌어봤자 일시적인 유행에 그치고 만다.

나는 '극상의 사각형'을 핵심 메시지로 내세우는 판매 방식으로는 재구매 고객을 확보하지 못해 LTV가 낮아지고 결국 수익성을 맞추기 어려우리라 생각했다.

소비자는 단 한 줄의 카피에서 사업자의 진정성과 철학을 읽어낸다. 온라인 판매에서는 그 한 줄의 문장이 사업의 성패를 가르고 운명을 좌우할 수도 있다는 사실을 기억해야 한다.

고작 한 줄이지만, 그 한 줄에 혼을 담아내는 마케터가 되기를 바란다.

70

신입 웹 마케터에게 전하고 싶은 말

전문 웹 마케터는 어제보다 갑자기 CVR이 떨어졌을 때 가장 먼저 무엇을 확인할까?

정답은 **'장바구니 기능이나 서버가 정상적으로 작동하고 있는지'**이다.

프로는 항상 여러 변수를 고려하고, 소비자의 동선을 세세하게 점검하며, 모든 과정을 최상의 상태로 정비해 둔다. 당연히 직접 관리한 부분은 완벽하다고 가정하기 때문에, CVR이 떨어지면 가장 먼저 자신이 관여하지 않은 영역에서 문제가 발생했을 가능성을 의심한다. 따라서 CVR 악화의 원인을 크게 '시장 상황의 예기치 못한 변화' 또는 '시스템의 문제' 중 하나로 본다.

'시장 상황의 예기치 못한 변화'란 경쟁사가 갑자기 입찰을 대폭 강화하거나, 연예인의 불미스러운 일로 미디어 노출량이 급증하면서 CPO나 CVR에 영향을 미치는 등의 사례를 말한다.

'시스템의 문제'란 장바구니 기능이 오류로 동작하지 않거나, 서버 상태가 불안정해 웹사이트 접속이 원활하지 않은 상황 등을 의미한다.

시장 상황의 변화는 원인을 즉시 파악하기 어렵고, 설령 원인을 알더라도 직접 해결할 수 없는 경우가 많다. 하지만 **시스템의 문제는 빠르게 확인할 수 있고, 만약 이것이 원인이라면 바로 대응하여 손실을 막을 수 있다.** 그래서 가장 먼저 장바구니나 서버 상태부터 확인하는 것이다.

확인 방법은 간단하다. 직접 주문을 시도해 보는 것이다. 비록 지금은 정상 작동하더라도 어제 일시적으로 문제가 있었을 가능성도 있다. 따라서 시간대별 주문 건수를 확인하여 갑자기 주문이 뚝 끊긴 시간대가 있는지 살펴본다.

프로라면 직접 관여하지 않는 영역이라도 결과에 영향을 미칠 수 있는 요소는 물론, 그것을 어떻게 확인하고 수정할지 알고 있어야 한다. 어제까지 잘 돌아가던 시나리오가 갑자기 어긋났을 때, 장바구니나 서버 상태는 확인하지 않고 바로 크리에이티브를 손보려는 마케터는 아직 초보다.

프로 마케터의 진짜 역할은 단순히 광고 기획을 수정하는 것이 아니라, 최종 목표인 **CV(구매 건수)를 높이는 것**이다. CV의 증감 요소는 광고 운영뿐만 아니라 훨씬 광범위하며, 그 모든 요인을 파악하고 관리하는 것이 프로의 일이다. 자신이 한 작업에 그

만큼 자신이 있으니, 문제가 생기면 그 원인을 다른 영역에서 찾는 것이다.

장바구니 역시 마케터의 책임 영역이다. 기획은 잘 짰는데 장바구니 때문에 실패했다고 말하는 것은 아마추어적인 변명일 뿐이다. 직접 손대지 않았기 때문에 문제가 생길 확률이 더 높다. 모든 부분을 자신의 책임 범위로 인식하고, 어떤 상황에서도 CV를 끌어올리는 것이 프로다.

프로의 머릿속에는 소비자가 스마트폰 화면에서 광고를 처음 본 순간부터 구매에 이르기까지의 모든 행동과 심리 변화 과정의 흐름이 들어 있다. 프로라면 지금까지 쌓은 경험을 바탕으로 모든 요소를 고려하고, 그 순간에 필요한 최선의 수를 두어야 한다. 만약 갑자기 그 수가 틀어졌다면, 그것은 '예상치 못한 시장 변화'가 생겼거나 '과정상의 실수 또는 시스템의 문제'가 발생했을 가능성이 높다. 만약 그 어느 쪽도 아니라면 애초에 '최선의 수를 두지 못한' 자신의 실력 부족을 탓해야 한다.

CVR이 갑자기 떨어졌다면 우선 시간대별 주문 수를 확인하여 급격히 감소한 시점을 확인하고, 직접 주문을 시도하여 정상적으로 기능이 작동하는지, CV 데이터가 제대로 집계되는지를 확인한다.

대처가 늦어질수록 손실은 눈덩이처럼 불어나기 때문에 신속하게 원인을 파악하고 조치하는 것이 중요하다.

71

웹 마케터의 커리어에 대한 고찰

웹마케팅은 종합 무역상사나 은행처럼 10년, 20년의 경험이 필요한 직종이 아니다. 능력 있는 사람이라면 1년에서 5년 안에 필요한 지식은 충분히 익힐 수 있고, 5년 차와 10년 차의 실력 차이도 그리 크지 않다. 결국 실력은 경험보다 개인의 역량 차이에 달려 있다. 그래서 경력이 짧아도 소질만 있다면 금세 활약할 수 있고, 사내 에이스로 떠오를 수도 있다.

따라서 만약 여러분이 웹마케팅 분야에서 일찍 성공하여 다른 친구들보다 자신이 대단하다고 생각한다면 그것은 착각일지도 모른다. 은행이나 상사 같은 직종은 10~20년 차에 경력이 정점에 도달하는 반면, 웹마케팅은 2~5년 차에 비교적 일찍 정점에 도달하는 특성이 있다. 젊은 시절의 성공에 들떠 고작 몇 년간 배운 기술만 가지고 안주한다면, 10년 후에는 꾸준히 경험을 쌓아 올린 친구들과는 비교도 안 될 만큼 큰 격차가 벌어질 것이다. 그러므로 웹 마케터도 10년, 20년 뒤를 내다보며 커리어를 설계할 필요가 있다.

71-1. 항상 시점을 '제로 리셋'하는 능력

장기적인 커리어를 설계할 때 필요한 첫 번째는 **'시점의 제로 리셋' 능력을 기르는 것**이다.

웹마케팅은 변화 속도가 워낙 빨라서, 때로는 '경험'이 '선입견'으로 작용해 발목을 잡는 경우가 많다. 이 때문에 '아무것도 모르는 신입이 유리한 상황'도 생긴다. 젊을 때 성공할 수도 있지만, 언제든 후배에게 따라잡힐 수도 있는 것이다.

주요 전자기기만 해도 불과 십수 년 만에 PC에서 피처폰, 다시 스마트폰으로 바뀌었고, 영향력 있는 광고 매체도 매년 바뀔 정도로 변화무쌍하다. 매체별 광고 심사 기준도 수시로 바뀌고 있으며, 크리에이티브 트렌드 역시 끊임없이 변화하고 있다. 주문 방식 또한 장바구니 형식에서 입력 폼, 최근에는 채팅 형식으로 진화했다.

이런 시대에 경험과 지식이 부족한 사람은 '현재의 트렌드'를 그대로 받아들이고 실행하면 된다. 반면에 경험이 있는 사람은 '과거에 성공한 기억이나 고정관념'을 버리지 못하면 변화에 적응하기 어렵다.

광고 운영도 마찬가지다. 구글, 페이스북 등 주요 플랫폼은 끊임없이 발전하고 있는데도, 익숙함에 안주한 베테랑들은 예전 방식을 고수하는 경우가 많다. 반면에 신입은 아무런 선입견 없이 새 기능을 시도해 본 결과 예상외의 큰 성과를 내기도 한다.

어떤 분야에 막 입문한 초보자가 일반적인 확률 이상의 성공을 거두는 것을 '초심자의 행운(Beginner's Luck)'이라고 한다. 이는 실제로 일리가 있는 말이다. 선입견이나 고정관념이 없으니까 오히려 성공할 수 있는 것이다. 업무에 익숙해질수록 평소 사용하는 기능만 쓰게 되고 새로 추가된 기능을 알아채지 못할 때가 많다.

그래서 나는 직원들에게 고정관념을 버리라는 말을 자주 한다. 아무도 몰랐던 정답을 찾아내는 것은 드문 일이다. 왜냐하면 진짜 정답은 본래 누구나 알고 있는 단순한 것들이기 때문이다. 그 당연한 정답을 가로막는 것이 각자가 가진 고정관념이다.

이렇게 큰 성과를 낸 신입조차 시간이 지나면 어느새 익숙함에 젖어 과거의 베테랑과 같은 길을 걷게 된다. 그리고 다음에 들어온 신입에게 똑같이 추월당한다. 웹마케팅의 세계는 이런 과정의 반복이다. **항상 새로운 시각으로, 매일 처음 보는 것처럼 관리 화면을 들여다보는 소수의 사람만이 성공할 수 있다.**

진정한 프로는 늘 초심자의 눈으로 기회를 만들어낸다. 이를 위해서는 얼마나 많은 고정관념을 걷어낼 수 있느냐가 핵심이며, 이 능력의 차이가 곧 업무 성과의 차이로 직결된다. 역으로 말하면, 새로운 스킬을 쌓는 것보다 고정관념을 없애는 힘을 기르는 편이 더 빠르게 성과를 내는 지름길일 수도 있다.

혹시 지금 고정관념에 사로잡혀 있지 않은가? 잠시 멈춰서 생각을 점검하는 습관을 들이고, '시점을 제로 리셋'하는 능력을 길러 보자.

71-2. 매니지먼트 스킬

우연히 시대적 흐름을 잘 타서 활약한 것인지, 앞으로도 계속 활약할 수 있을지는 '시점의 제로 리셋 능력'에 달려 있다. 이 능력이 없으면 변화가 빠르고 경험이 잘 통하지 않는 이 업계에서는 언제든 후배들에게 추월당할 수 있다.

이 제로 리셋 능력과 더불어 꼭 필요한 것이 **'매니지먼트 능력'**이다. 시간이 흐를수록 실력이 쌓이는 일로 커리어를 옮겨 가지 않으면, 항상 젊은 인재의 등장에 불안해하며 직장 생활을 보내게 될 수 있다.

매니지먼트는 경험, 지식, 인맥이 필요한 영역이며, 그 능력은 시간이 흐를수록 '자산'처럼 축적된다. 10년 일하면 10년 일한 만큼 실력이 쌓이는 것이다.

개발자의 커리어도 이와 비슷하다. 언젠가는 젊은 사람들의 사고 속도를 따라가지 못하게 되는 때가 온다. 그래서 코딩 작업만 계속하다 보면 '35살'에 정년을 맞이하게 된다는 말이 나오는 것이다. 계속해서 발전하려면 보다 상위 공정을 담당하는 포지션으로 전환해 가야 한다.

구체적으로 길러야 할 매니지먼트 능력으로는 업무 시스템

화, 비즈니스 모델 설계, 교육, 교육 시스템 구축 등이 있다. 자신이 맡은 업무를 요소별로 분해하여 매뉴얼을 만들고, 누구나 할 수 있도록 시스템화하면 조직이 확장될 수 있다. 이것이 가능해지면 타인의 역량을 활용하여 무한한 성과를 창출할 수 있다.

매니지먼트 능력 없이 계속 실무자로서만 경쟁하려 하면, 자신의 한정된 역량만큼의 성과밖에 낼 수 없다. 게다가 경험이 자산이 되지 않는 분야에서는 10년이 지나도 결과는 늘 제자리다. 그 말은 즉, 언제까지나 2~3년 차 마케터들과 같은 조건에서 경쟁해야 한다는 뜻이다. 매니지먼트 단계로 나아가지 않으면 결국 낡은 전력이 될 수밖에 없다.

우선은 실무자로서 최고의 전문가가 되자. 그리고 그 능력을 다른 사람에게 전수하고 시스템화할 수 있는 매니지먼트 능력을 키워 나가야 한다. 이는 프로 야구의 세계에서도 마찬가지다. 선수로서 크게 활약했더라도, 감독이나 코치로서 역량을 쌓은 사람과 그렇지 않은 사람의 야구 인생은 크게 달라진다. 프로라면 그런 커리어를 설계해 가야 한다.

71-3. 테크니컬 기술과 펀더멘털 기술

웹 마케터의 실무 능력은 대체로 1~5년 차에 정점을 맞이한다. 이를 테크니컬 영역과 펀더멘털 영역으로 나누어 보면, 테크니컬 기술은 1~3년, 펀더멘털 기술은 3~5년 정도에 완성된다.

테크니컬 기술은 더 빨리 정점에 이르는 만큼, 어느 정도 수준에 도달했다 싶으면 펀더멘털 기술 향상에 집중해야 한다. 하지만 테크니컬에서 성과를 내면 다른 기술을 연마할 필요가 없다고 착각하는 경우가 있다.

그 결과, 창의성이 필요한 크리에이티브 영역까지 테크니컬 기술로만 해결하려 든다. 예를 들어 크리에이티브 제작에 사용되는 키워드나 이미지 등을 몇 가지 패턴으로 정형화하고, 데이터를 기반으로 'LP 성공 공식'을 만들어 모든 상황에 똑같이 적용하는 것이다.

이런 방식은 실무 경험이 적은 상사나 클라이언트를 설득하는 데는 효과적이고, 경쟁이 덜 치열했던 5~10년 전에는 실제로 성과를 내기도 했다. 하지만 지금은 이런 방식으로 만든 LP는 통하지 않는다. 그나마 기존 LP가 형편없을 때만 괜찮아 보일 뿐이다. 왜냐하면 수많은 유사 제품 속에서 차별화되지 않기 때문이다.

테크니컬 기술에 기반한 크리에이티브는 기존 성공 사례를 모방하여 '동질화'하는 데는 유용하지만, 시장이 성숙하여 '차별화'가 요구되는 단계에서는 효과가 없다. 테크니컬 기술은 '선행 사례의 성공에 편승하는' 기술이지, '선행 사례를 뛰어넘는' 기술은 아니다.

반면, 펀더멘털 기술은 감정을 기반으로 커뮤니케이션을 설계하는 능력이며, 5년 정도면 최고 수준에 도달할 수 있다. 이 기술을 계속 다듬어 나간다면 10년에서 20년 이상 업계 최전선에서 활약할 수도 있다.

테크니컬 기술을 충분히 익힌 후에는 꼭 펀더멘털 기술을 연마하는 것이 좋지만, 그것이 어렵다면 펀더멘털 능력이 뛰어난 사람을 협업 파트너로 끌어들이는 것도 방법이다. 다만, 이 경우에는 사람을 잘 이끌 수 있는 매니지먼트 능력이 필요하다.

펀더멘털 기술이 뛰어난 인재를 잘 활용한다면 여러분의 성과는 끝없이 확장될 수 있다.

72

작게 낳아
크게 키운다

우리 회사는 연간 약 200~300억 원의 이익을 내고 있다. 그래서 이 책에서도 억 단위의 거창한 이야기를 기대한 사람도 있을지 모르겠다. 하지만 여기서는 주로 수만 원 단위의 작은 숫자를 가지고 이야기했다.

억 단위의 이익을 내는 사람들은 처음부터 큰 숫자를 다루는 것이 아니다. 1만 원, 2만 원을 꼼꼼하게 쌓아가며 무너지지 않

는 수익 구조를 만든 결과가 억 단위의 이익으로 이어지는 것이다. 1만 원, 2만 원도 제대로 관리하지 못하는 사람이 수십억의 이익을 만들어낼 수는 없다.

분명한 사실은 돈을 잘 버는 사람일수록 숫자를 더 세밀하게 본다는 점이다. 반대로 돈을 못 버는 사람일수록 숫자를 대충 본다. 실무자가 디테일을 보고 관리자가 큰 그림을 보는 것이 아니다. 숫자를 가장 세밀하게 볼 수 있는 사람이야말로 관리자가 되어야 한다.

간단한 원리지만, 10,000원을 13,000원으로 만들 수 있는 사람은 100억 원을 130억 원으로 만들 수 있다.

결국 중요한 것은, 10,000원으로 13,000원을 만드는 방법을 알고 있는가다. '적은 자본'으로 '위험 부담이 거의 없고' '계산이 간단한' 작은 단위에서 시뮬레이션을 반복하고 확실한 수익 구조를 만든 다음, 거기에 레버리지를 걸어 확장해야 성과가 폭발적으로 커진다. 반대로 말하면, 그 10,000원 단위의 수익 구조만 알아도 되는 것이다.

작은 숫자가 가장 중요한 숫자다. 그리고 작은 시작이 큰 결과로 이어진다. 억 단위의 사업을 논하기 전에, 먼저 10,000원을 13,000원으로 만드는 시뮬레이션부터 해보자.

73

시가총액 1조 원 기업을 만드는 방법

시가총액 1조 원 규모의 기업을 만드는 것도 결국 10,000원을 13,000원으로 만드는 원리의 연장선에 있다.

기본적인 접근 방식은 이렇다. 먼저 1년 동안 1명의 고객으로부터 10만 원의 영업이익을 얻는 유닛 이코노믹스(Unit Economics, 최소 단위당 수익 구조)를 완성하고, 이를 바탕으로 30만 명의 고객을 확보한다. 그러면 연간 영업이익은 300억 원(세후 약 200억 원)이 되고, 여기에 주가수익비율(PER, Price Earning Ratio) 50을 곱하면 기업가치, 즉 시가총액이 1조 원에 도달하게 된다.

수식으로 표현하면 다음과 같다.

10만 원×30만 명(×세후 이익률)×PER 50=1조 원

핵심은 최소 단위의 유닛 이코노믹스에 '신규 고객 수'와 'PER'라는 계수가 곱해지면서 레버리지가 작용한다는 점이다. 이것이 가장 쉽게 시가총액 1조 원 규모의 기업을 만드는 방법이다.

여기서는 '1년에 10만 원'을 기준으로 삼았지만, 꼭 그럴 필

요는 없다. 첫해에 적자를 보더라도 2년 차에 20만 원, 3년 차에 30만 원의 누적 이익을 달성하는 식으로 목표 시점을 1~2년 늦출 수도 있다. 하지만 투자금을 회수하기까지의 기간이 길어지면, 시장 변화에 대한 위험도가 커지고 경영은 몇 배나 더 어려워진다.

시가총액 10조 원을 목표로 한다면 모를까, 1조 원 정도라면 1년 안에 투자금 회수가 가능한 사업모델을 구축하는 편이 훨씬 운영하기 수월하다. 쉽게 말해, 투자 후 회수까지 시간이 오래 걸리는 사업은 잠시 멈추고 회수 기간이 짧은 사업에 집중하는 것이다.

현명한 경영자는 '어려운 일'을 '해결'하는 데 집중하지만, 더 현명한 경영자는 애초에 '어려운 일'을 피하고 '쉬운 방식'을 찾는 데 집중한다.

앞서 설명한 식은 결국 곱셈 구조이기 때문에, 어느 한 곳만 2배가 되어도 전체가 2배가 된다. 그렇다면 어디에 집중해야 할까?

정답은 **'유닛 이코노믹스의 이익'**이다. 이 수치는 신규 고객 수나 PER 양쪽에 영향을 미치기 때문이다. 우리 회사는 매출 규모가 1,000억 원 수준이지만 시가총액은 4,000억 원에서 1조 2,000억 원 사이를 오간다. 주식의 연간 거래액이 많을 때는 5조 원 가까이 되기도 한다.

경제는 이처럼 최소 단위의 유닛 이코노믹스에 몇 번의 '곱셈'을 반복해 확장되는 구조를 하고 있다. 이 곱셈의 배율을 결정하는 것은 바로 그 앞 단계에서 만들어내는 '이익'이다.

74
초일류 마케터가 되는 법

앞서 '**52** 더 정확한 LTV 산출 방법'에서 이야기했듯이, 우리 회사는 LTV 산출 시스템을 자체 개발하여 사용하고 있다. 이 외에도 여러 독자적인 경영지표나 마케팅 지표를 활용하는데, 이는 직접 다양한 수치를 계산할 수 있는 시스템을 갖추고 있기 때문이다.

웹마케팅은 변화 속도가 매우 빨라서 시장 상황이나 유효한 기법이 수시로 바뀌고 전략이나 전술이 달라질 때마다 새로운 지표를 설정해야 한다. 하지만 그때마다 시중 SaaS(Software as a Service, 클라우드 기반 소프트웨어 서비스)가 업데이트되기를 기다릴 수는 없다. 그러다가는 빠른 변화의 속도를 따라가지 못하기 때문이다.

우리는 시스템을 직접 만들 수 있는 역량을 갖추고 있어 필요에 따라 독자적인 분석 도구를 즉시 만들어낼 수 있다. 그래서 어떤 환경에서도 정확한 데이터 분석을 통해 우선순위를 결정하고, 불필요한 작업을 줄이며 효율적인 운영이 가능하다. 이 점은 우리 회사가 일본 최고 수준의 자기자본이익률(ROE)을 기록하고 직원 1인당 이익 2억 원이라는 높은 생산성을 달성하고 있는 원동력이다.

아무리 유능한 마케터라도 시스템에 대한 이해가 부족하면 데이터를 어떻게 분석하고 가공해야 하는지 알 수 없다.

우리 회사 시스템의 대부분은 내가 기본 설계를 맡았고, 직접 개발에 참여한 시스템도 많다. 시중의 분석 툴은 내가 보기에 '이도 저도 아닌' 애매한 것이 많다. 기능이 부족하거나 반대로 너무 복잡해서 실제 필요한 분석에 딱 맞지 않는다는 이야기다. 그런 도구로는 깊이 있는 분석을 하기 어렵다. LTV만 해도, 실제 마케팅 전략에 바로 적용할 수 있는 형태로 계산해 주는 상용 소프트웨어는 거의 없다.

우리 회사가 만든 LTV 산출 시스템은 복잡하지 않다. 두어 장의 설계서로 설명할 수 있는 수준이다. 다소 복잡해지기는 하겠지만, 엑셀로 구현하는 것도 가능하다. 다만, 이 정도의 시스템이라도 마케팅과 시스템을 모두 이해하지 못하면 이런 설계서는 쓸 수 없다.

갑작스럽지만, 교육자로도 알려진 후지하라 가즈히로 씨의 책 『10년 후, 우리 아이의 직업이 사라진다』에는 **'100만 분의 1 이론'**이라는 흥미로운 개념이 등장한다. 이는 '올림픽 선수처럼 100만 명 중 1명의 초일류 인재가 되는 방법'을 말한다.

이 이론은 다음과 같다. 먼저 한 분야에서 100명 중 1명이 될 정도의 희소성을 확보한 뒤, 다른 분야에서도 마찬가지로 100명 중 1명이 되면 100×100, 1만 명 중 1명이 된다. 여기에 또 다른 세 번째 분야에서 100명 중 1명이 되면 100×100×100=1,000,000, 즉 100만 명 중 1명이라는 독보적인 존재가 될 수 있다는 이론이다.

나 자신이 100만 명 중 1명인지는 모르겠지만, 1만 명 중 1명쯤은 된다고 생각한다. 나는 '마케팅' 분야에서 100명 중 1명, 그리고 '시스템 설계' 분야에서 100명 중 1명 정도의 역량을 가지고 있다. 물론 100명 중 1명 정도가 대단한 수준은 아니다. 나보다 마케팅 감각이 뛰어난 사람도, 시스템 엔지니어로서 능력 있는 사람도 많다. 하지만 이 2가지를 일정 수준 이상으로 할 수 있는 사람은 극히 드물다.

이 2가지 역량을 최소한이라도 갖추게 되면 어떤 상황이라도 대응할 수 있다. 어떤 데이터를 어떻게 수집하고, 어떻게 조합해 수치화하고, 어떻게 시각화하고, 시스템으로 어떻게 제어해야 할지를 즉시 판단할 수 있다. 나는 이 2가지 능력을 곱하여 1만 명 중 1명 정도의 희소성을 갖춘 존재가 되었다.

물론 한 분야에서 100명 중 최고가 되는 것도 쉽지 않다. 학교에 비유하면, 2~3개 반 중에 가장 잘하는 수준이다. 예를 들어 수학 성적이 2~3개 반 중 1등, 영어 성적이 2~3개 반 중 1등이라면 다른 과목을 못해도 1만 명 중 1명이 되는 것이다.

내가 원래 시스템 개발을 좋아했던 것은 아니다. 창업 초기에 외주 개발을 맡길 돈이 없어 어쩔 수 없이 독학으로 주문 처리 소프트웨어를 만들었다. 솔직히 말하면 정말 하기 싫었고, 내가 짠 소스 코드는 다른 사람에게 보여주기 민망한 수준이었다. 하지만 그때의 경험은 이제 무엇과도 바꿀 수 없는 귀중한 자산이 되었다.

마케터가 시스템을 직접 다룰 수 있느냐 없느냐로 창출할 수 있는 가치가 100배쯤 차이 난다. 새로운 시도가 떠올랐을 때, 그 아이디어를 실현하는 데 필요한 기술적 요소들이 즉시 머릿속에 그려지는 사람은 그렇지 못한 사람보다 몇 배로 유리하다.

한 분야에서 1만 명 중 1명이 되려면, 나머지 9,999명보다 뛰어나야 한다. 하지만 100만 분의 1 이론에 따라 1만 명 중 1명이 되는 것은 다른 99명보다 2개의 분야에서 뛰어나기만 하면 된다. 이쪽이 훨씬 실현 가능성이 높다.

1만 명 중 1명의 가치를 지닌 마케터가 되고 싶다면, 반드시 시스템을 배워야 한다. 시스템이나 영어는 나이 들어서 배우려면 상당한 노력이 필요하다. 비교적 학습 능력이 뛰어난 젊은 시절에 데이터베이스와 프로그래밍의 기초를 제대로 익혀둘 것을 추천한다.

2장 목표로 삼아야 할 브랜드상

마케팅과 결코 떼려야 뗄 수 없는 것이 '브랜드'다. 하지만 인터넷의 보급은 브랜드의 존재 방식에도 큰 변화를 가져왔다.

브랜드가 가진 '신뢰'는 하루아침에 만들어지지 않는 요소이며 소비자의 구매 결정에 큰 영향을 미친다. 그러나 요즘에는 브랜드의 기능이 예전만큼 작동하지 않고 있다.

그 이유는 브랜드의 우위성보다 개별 상품 자체의 경쟁력이 더 중요해졌기 때문이다. 이런 변화의 배경에는 웹마케팅의 보편화가 있다.

이 장에서는 브랜드가 맡아온 역할과 변천, 그리고 이후의 전망에 대해 자세히 살펴보자.

75

브랜딩의 위치 변화

웹마케팅의 확산으로 인해 소비재 비즈니스 전략에서 '브랜드 전략'의 중요성이 점점 줄어들고 있다(여기서 말하는 '브랜드 전략'이란, 여러 상품군을 하나의 브랜드로 묶어 '묶음' 단위로 전략을 세우는 것을 의미한다). 그 이유는 소비자들이 인터넷을 중심으로 정보를 수집하게 되면서, '브랜드'가 아닌 '상품 단위'로 검색하고 비교하게 되었기 때문이다. "좋은 상품이 없을까?" 하고 검색하는 사람은 있어도, "좋은 브랜드가 없을까?" 하고 검색하는 사람은 없다. **소비자는 결국 '상품' 그 자체에 돈을 쓴다.**

예전에는 오프라인 유통 채널에서 얻을 수 있는 정보에 한계가 있었기 때문에 상품의 우열을 판단하는 기준으로 '브랜드'를 활용했다. 제조사의 브랜드일 수도 있고, 백화점에서 파는 거니까 믿을 만하다는 유통 채널의 브랜드일 수도 있다. 그러나 인터넷이 보급되면서 정보를 얻기 쉬워졌고 상품만으로도 우열을 가릴 수 있게 되었다. 따라서 "○○ 브랜드니까"라는 우위성이 점점 설득력을 잃게 된 것이다. 물론 브랜드의 영향력이 완전히 사라진 것은 아니지만, 그 중요성은 확연히 떨어졌다. 최근 의류 브랜드들이 여러 개로 나누어 운영하던 하위 브랜드를 통합하고 있다. 브랜드의 중요성이 낮아진 지금, 브랜드를 쪼개서 관리하는 수고를 줄이기 위해서다. 이처럼 마케팅 전략이 근본적으로 변화하고 있다.

76

무작정 유명 브랜드를 동경해서는 안 된다

물건을 살 때의 우선순위는 대략 다음과 같이 나눌 수 있다.

① 일반적인 상품

가성비 > 효능 > 브랜드

② 충동구매 상품, 세일 상품, 저가 상품, 실패해도 괜찮은 상품

가격 > 가성비 > 브랜드

③ 브랜드력이 매우 높은 상품

브랜드 > 효능 > 가성비

①, ②, ③에 어떤 상품을 떠올릴지는 사람마다 다르겠지만,

대체로 이렇게 분류할 수 있다. 많은 회사가 '③브랜드력이 매우 높은 상품'을 만들고자 하지만 이는 가장 어려운 영역이다. 이 분야에서 큰 이익을 내는 곳은 극히 일부이며, 그마저도 루이비통, 에르메스, 애플과 같이 세계적으로 유명한 브랜드가 대부분이다. 반면 실제로 큰 이익을 내는 기업은 대부분 ①에 해당하는 상품을 다룬다.

브랜드의 멋진 이미지에 반응하는 것은 주로 유행에 민감한 미디어나 이노베이터층뿐이다. 얼리 메이저리티(Early Majority, 전기 다수 수용자)층은 멋지다는 이유만으로는 반응하지 않기 때문에, 상품이 대중에게 보급되기까지의 장벽(Chasm, 캐즘)을 넘어서기 어렵다. 즉, 사업 규모가 확장되지 않는 것이다.

따라서 철저하게 다수 소비자를 관찰하며 그들의 실질적인 수요를 충족시키는 경영과 제품 개발에 집중해야 한다.

간혹 신생기업이 ③유형의 제품으로 일시적인 성공을 거두기도 한다. 하지만 대부분 오래가지 못한다. 곧바로 ①이나 ②의 강점, 즉 '효능'이나 '가성비'를 무기로 한 유사 제품이 등장하기 때문이다. 이런 상황에서 비즈니스를 영위하려면 효능이나 가격 경쟁력을 압도할 만큼 강력한 브랜드 이미지를 구축해야 하지만, 그것은 현실적으로 매우 어려운 일이다.

대표적인 예가 특이한 디자인의 샌들로 인기를 끌었던 '크록스'다. 크록스는 치밀한 마케팅과 이미지 전략으로 일본 시장에서 단숨에 매출 1,000억 원 규모의 기업으로 성장했지만, 이내 저가 유사품에 시장을 빼앗겼다. 지금은 어디에서나 유사품을 쉽게 찾아볼 수 있다.

크록스의 일본 전략은 신발 매장이 아닌 편집 숍에서 판매를 시작함으로써 이미지 중심 전략을 철저히 밀고 가는 것이었다. 매우 훌륭한 전략이었지만 저가 유사품에는 이기지 못했다. 유럽이나 미국에서는 리브랜딩에 성공했다는 이야기가 있지만 일본에서는 아직 그렇다고 보기 어렵다.

많은 이들이 브랜드 비즈니스를 동경하지만 내 경험상 브랜드 이미지 전략이 효과를 발휘하려면 연 매출 5,000억 원 이상의 규모가 필요하다. 처음에는 ①이나 ②에 집중하고, 규모가 어느 정도 커진 후에 ③의 영역으로 나아가는 것이 현명한 전략이다.

77

시장을 형성하는 것은 브랜드가 아니라 상품이다

D2C(Direct to Consumer)란 제조업체나 브랜드가 유통업체 없이 소비자에게 직접 판매하는 비즈니스 모델을 말한다. 나는 D2C 사업에 관한 아이디어를 종종 듣게 되는데, "○○ 분야에는 특별

한 브랜드가 없으니, 브랜드화해서 새로운 시장을 만들겠다"라는 식의 이야기가 상당히 많다. 단언컨대 이것은 잘못된 생각이다. **새로운 시장을 만드는 것은 브랜드가 아니라 상품이다. 특정 시장이 없다는 것은, 사람들이 그 '필요성'을 아직 느끼고 있지 않다는 뜻이다.**

사람들에게 '필요하다'라는 감정을 불러일으키는 것은 '브랜드 이미지'가 아니라 '상품의 편익'이다. 정말 써보고 싶다는 마음이 들 때 비로소 시장은 생겨난다. 고객은 브랜드가 아니라 상품에 돈을 낸다는 사실을 잊어서는 안 된다. 아무리 멋진 브랜드 이미지를 만들어도 상품에 '압도적인' 매력이 없다면 지갑은 열리지 않는다.

상품에 명확한 우위성이 없다면 새로운 시장을 만들 수 없다. 멋이나 아름다움 등의 브랜드 이미지는 '이미 존재하는 시장' 안에서 경쟁 제품과 차별화하거나 점유율을 높일 때 필요한 요소다. 다시 말해, **기존 시장의 소비자들에게 "이걸 갖고 싶다"를 넘어 "그중에서도 이게 좋다"라는 선택을 끌어내는 것이 브랜드의 역할이다.**

하고자 하는 사업이 '새로운 시장을 만드는 것'인지, '기존 시장의 점유율을 노리는 것'인지에 따라 전략은 달라진다. 전자의 무기는 오직 상품력이다. 무턱대고 브랜드로 새로운 시장을 만들려 해서는 안 된다.

78

인지도를 높이지 않고도 이익을 내는 방법

전자상거래 기업이 어떤 전략을 취해야 하는지는 항공업계의 대형 항공사와 저가 항공사의 전략 차이를 비교해 보면 쉽게 이해할 수 있다.

- 대형 항공사가 추구하는 것 = 매출 최대화, 점유율 최대화
- 저가 항공사가 추구하는 것 = 이익의 최대화

노선이나 기종 운영 방식으로 나누어 살펴보면 다음과 같다.

【노선】

- 대형 항공사 = 모든 노선을 커버하기 위해 확장 전략을 펼치고, 이를 통해 매출과 점유율을 극대화한다. 이 중에는 흑자 노선도 있지만, 적자 노선도 많다.
- 저가 항공사 = 대형 항공사가 이미 운영하며 수익을 올리고 있는 흑자 노선에만 집중적으로 진출한다.

【기종】

- 대형 항공사 = 대규모 노선에는 대형기를, 소규모 노선에는 소형기를 투입하는 등 각 노선의 수요에 따라 최적의 크기를 분배하여 운영한다.
- 저가 항공사 = 정비 및 유지 보수 비용을 낮추기 위해 기종 수를 최소한으로 제한한다.

결론부터 말하자면, 전자상거래 기업은 저가 항공사의 전략을 따라야 한다. 하지만 현실에서는 실적이 부진한데도 불구하고 대형 항공사의 전략을 택하는 경우가 많다. 이에 대해 좀 더 자세히 살펴보자.

78-1. 노선 운영에서 배울 수 있는 것

실적이 나쁜 전자상거래 기업은 광고비를 크게 들여 인지도를 넓히고 유통을 장악하려 한다. 하지만 이는 마치 대형 항공사가 모든 노선을 커버하려는 것과 같아서, 결국 적자 노선이 늘어나고 전체적인 수익성이 낮아진다. 그래서는 언제까지고 이익을 내지 못한다.

전자상거래 기업은 고객과 직접 연결될 수 있으므로, '타깃에게만 어필하면' 된다. 타깃이 아닌 사람들에게까지 브랜드를 알리려는 시도는 광고비를 낭비할 뿐이다.

• 타깃에게 알리기 위한 홍보=흑자 노선

• 타깃 외의 불특정 다수에게 알리기 위한 홍보=적자 노선

저가 항공사처럼 흑자 노선에만 집중한다면 이익은 반드시 따라오게 되어 있다.

78-2. 기종 운영에서 배울 수 있는 것

상품의 품질을 보장하려면 반드시 유지 보수 비용이 발생한다. 대형 항공사처럼 여러 기종을 취급하면 정비 인력이 배워야 할 내용도 많아지고 정비 품질은 떨어지며, 인력도 더 필요해지니 유지비가 늘고 이익은 줄어든다.

따라서 전자상거래 기업은 다양한 상품을 망라하기보다는, 확실히 책임질 수 있는 범위 내에서 상품을 출시해야 한다. 그러지 않으면 사후 대응 품질이 떨어지거나, 관리 비용이 늘어나게 된다.

매출원가를 제조 비용뿐만 아니라 판매관리비까지 포함해서 본다면, 기종 수를 늘리면 안 된다는 것을 알 수 있다. 이는 앞서 이야기한 5단계 이익 관리 중 ABC이익의 관리가 특히 중요한 이유다. 취급하는 상품의 가짓수가 늘어나면 개별 상품마다 대응에 필요한 인건비가 증가하여 이익이 줄어든다. 혹은 제대로 대응하지 못해 품질이 떨어지고, 결국 고객 만족도 하락으로 이

어져 이익이 감소하게 된다. 이런 상황은 반드시 피해야 한다.

여기서 잊지 말아야 할 것은, 대형 항공사가 존재하기에 저가 항공사도 존재할 수 있다는 사실이다. 저가 항공사는 대형 항공사가 전국적인 노선망을 구축하고 운영하는 과정에서 발생하는 빈틈을 파고들어 수익을 낸다.

만약 저가 항공사가 전국 노선망을 구축하려 하거나 기종 수를 늘리려 한다면, 특유의 장점은 사라지고 순식간에 적자 기업으로 전락할 것이다. 전자상거래 기업도 마찬가지다. 소위 '내셔널 브랜드'를 동경하여 그들처럼 대규모 프로모션을 진행하거나 무분별하게 상품 라인업을 확장하려 한다면, 결국 어설픈 삼류 브랜드가 될 뿐이다.

전자상거래 기업을 경영하는 데 있어서 '인지도가 높아진 것'은 성공의 지표가 아니다. 내셔널 브랜드보다 '더 높은 이익률을 달성하는 것'이 진짜 성공이다.

우리 회사의 이익률은 이미 일부 유명 브랜드를 완전히 따라잡았고, 대부분의 브랜드 역시 경쟁 범위 안에 있다. 이것이 가능했던 이유는 내셔널 브랜드와는 다른 방식, 즉 '인지도를 높이지 않고도 이익을 내는 구조'를 만드는 데 집중했기 때문이다. 단순히 그들의 방식을 따라가지 않고, 이런 방식으로 접근한 덕분에 이길 수 있었다.

간혹 "그렇게 이익이 나는 회사라면, 더 알려질수록 좋은 거

아닌가요?"라는 말을 자주 듣는다. 하지만 오히려 정반대다. '인지도를 높이는 쓸데없는 일에 돈과 시간을 들이지 않기 때문에 높은 이익률을 실현할 수 있는 것'이다.

전자상거래 기업의 강점은 '흑자 노선에 집중'할 수 있다는 점이다. 이 점을 꼭 잊지 말자.

79

진짜 브랜드와 만들어진 브랜드의 차이

브랜드는 어떻게 태어나고, 대중화되며, 쇠퇴하고, 지속되는가. 나는 그 과정을 다음과 같이 생각한다.

① 진정한 일류 브랜드는 하나의 뛰어난 대표 상품에서 시작된다. 명품 패션 브랜드 루이비통의 트렁크가 그 대표적인 예다. 오늘날 루이비통은 다양한 패션 상품으로 유명하지만, 1854년 창립 당시에는 가볍고 튼튼한 여행용 트렁크 전문점이었다.

② 그 대표 상품의 품질을 잘 아는 고객(이노베이터, 얼리어답터)이 이렇게 훌륭한 상품을 만드는 회사(브랜드)라면 다른 것도 좋

을 거라며 여러 상품을 사기 시작한다.

③ 해당 제조사(브랜드)는 자사 상품임을 소비자들이 쉽게 알아볼 수 있도록 마크, 로고, 포장 디자인 등을 통일한다.

④ 품질에 민감한 이노베이터나 얼리어답터들이 특정 마크나 로고가 있는 상품을 구매하는 것을 보면서, 다수의 일반 소비자도 '저 로고가 붙은 상품은 좋은 것'이라고 인식하며 구매하기 시작하고, 브랜드는 점차 대중적인 인지도를 얻는다.

브랜드의 본질이 흐트러지는 시점 1

⑤ 자사의 로고나 마크만 붙이면 어떤 상품이든 대중에게 잘 팔리게 된다. 그러자 브랜드의 시작과 철학을 잘 모르는 다음 세대 직원들이 로고나 마크를 사용한 이미지 중심의 판매를 시도하고, 품질 관리에 소홀해진다.

⑥ 상품의 품질이 떨어지고, 이를 알아보는 이노베이터나 얼리어답터가 브랜드를 떠나기 시작한다. 이들의 이탈은 결국 다수 소비자층의 이탈로 이어진다.

브랜드의 본질이 흐트러지는 시점 2

⑦ 품질의 중요성을 이해하지 못하는 삼류 브랜드가 멋진 로고나 마크를 붙이면 물건이 팔린다며 품질보다는 로고만 멋진 상품을 잇달아 내놓는다.

⑧ 이전까지 로고나 마크를 보고 상품을 판단하던 소비자들은 이런 기업들의 그럴듯한 로고를 보고 "○○는 이제 한물갔어. 요즘은 이게 대세지"라는 말에 현혹되어 구매한다. 하지만 이들은 상품 자체의 품질에 매력을 느낀 것이 아니므로, 계속해서 새롭게 등장하는 다른 브랜드로 쉽게 옮겨 간다. 결국 삼류 브랜드는 반짝 팔렸다가 금방 사라지고, 또 다른 유사한 브랜드로 대체되는 현상이 반복된다.

⑨ 꾸준히 품질을 유지하는 브랜드는 그 가치를 아는 충성 고객에게 지지받는다. 여러 저품질 브랜드를 경험하며 실망했던 일반 소비자들도 결국에는 다시 이 브랜드로 돌아온다.

⑩ 따라서 진짜 브랜드는 신상품을 개발할 때마다 항상 "이 상품이 새로운 브랜드의 시작이다"라는 마음가짐으로 최고의 품질을 목표로 한다.

브랜드의 탄생, 대중화, 쇠퇴, 지속의 흐름은 대체로 이와 같다. **단 하나의 상품이라도 품질이 떨어지면 지금까지 쌓아온 신뢰를 한순간에 잃을 수 있다. 이를 방지하려면 새로운 상품을 만들 때마다 품질 기준을 계속 높여가야 한다.** 오랫동안 가치를 인정받는 일류 브랜드는 이런 과정을 꾸준히 걸어왔다.

80

브랜드로서 지켜야 할 것과 진화시켜야 할 것

브랜드에는 반드시 '지켜야 할 것'이 있으며, 이를 어기면 더 이상 브랜드라고 할 수 없다. 하지만 지키는 데만 몰두하면 발전할 수 없고, 변화하지 못한 브랜드는 결국 시대에 뒤처져 사라지게 마련이다. 몇 가지 사례를 살펴보자.

스타벅스는 원래 카페가 아니라 '커피 원두를 볶아 판매하는 가게'였다. 이후 카페 사업에 진출하려 했을 때, 사내에서는 "우리는 어디까지나 커피 원두를 다루는 업체다. 카페라는 전혀 다른 업종에 뛰어들면 스타벅스의 매력이 사라질 것이다"라는 반대 의견이 많았다. 하지만 경영진은 반대를 무릅쓰고 카페를 열었고, 결과는 대성공이었다. 스타벅스는 카페 진출이라는 진화를 통해 진정한 브랜드로 거듭났다고 해도 과언이 아니다.

그 후 고객들로부터 '무지방 우유'를 사용한 카페라테를 만들어 달라는 요청이 늘어났다. 이때도 내부에서는 "커피에 대한 모독이다. 이건 스타벅스가 할 일이 아니다"라며 강한 반대가 있었지만, 이를 밀어붙여 상품화했다. 결과적으로 이 카페라테는 큰 인기를 끌며 고객층을 확장했고, 스타벅스라는 브랜드를 더욱 견고하게 만들었다.

하지만 '핫 샌드위치'라는 히트 상품은 '스타벅스다움'을 해치는 결과를 낳았다. 핫 샌드위치의 고소한 냄새가 매장 안 가득한 커피 향을 덮어버리면서, 커피를 사랑하던 고객들이 등을 돌린 것이다. 참고로 현재는 커피 향을 해치지 않도록 개선되었지만, 당시에는 매출 하락으로까지 이어진 심각한 문제였다.

이 스타벅스의 사례에서 알 수 있듯이, 브랜드의 무엇을 지키고 바꿀지는 끊임없이 고민해야 하는 문제다. 결론부터 말하자면 여기에 '정답'은 없다. 더 정확히 말하면, '정답이 없다'가 진짜 정답일지도 모른다.

명품 패션 브랜드 구찌는 디자이너 교체 이후 실적이 크게 좋아졌다. 하지만 디자인 취향이 바뀌면서 새로운 고객을 끌어들인 대신, 기존 고객은 떠났을 가능성이 높다. 이런 브랜드의 변화를 '진화'로 볼지 '퇴보'로 볼지는 아직 명확한 답이 나오지 않았다.

우리 회사도 처음에는 게나 멜론 등을 판매하는 '홋카이도 특산품 상점'이었다. 거기서 여러 단계의 진화를 거쳐 지금에 이르렀다. 종종 "큰 변화를 겪으면서 사내 혼란은 없었나요?"라는 질문을 받지만, 실제로는 전혀 없었다. 게, 건강식품, 화장품으로 취급하는 상품은 계속 바뀌었지만, '고객에게 만족을 주는 상품을 온라인으로 전달'한다는 본질은 전혀 변하지 않았기 때문이다. 상품 카테고리는 변했지만, 이 변하지 않는 마음가짐이야말로 우리가 '지켜야 할 브랜드의 핵심'인지도 모른다.

81

브랜드 구축은 눈앞의 고객 만족에서 시작된다

'팬덤 형성'이라는 관점에서 브랜드 마케팅을 음악 업계에 비유해 설명하고자 한다. 오랫동안 팬들의 지지를 받아온 아티스트는 단순히 다음과 같은 과정을 거쳐 탄생하는 것이 아니다.

좋은 곡을 만든다.

⇩

곡의 좋고 나쁨을 판단할 줄 아는 일류 프로듀서의 눈에 띈다.

⇩

일류 프로듀서의 손을 거쳐 대규모 프로모션을 진행한다.

⇩

팬이 많아진다.

이런 방식으로는 진정한 팬덤을 구축하기 어렵다. 실제 성공한 아티스트는 다음과 같은 과정을 거친다.

좋은 곡을 만든다.

⇩

거리 공연이나 인터넷을 통해 곡을 직접 공개한다.

⇩

곡을 들어준 몇몇과 직접 소통하며,

곡뿐만 아니라 아티스트 자신을 깊이 좋아하게 만든다.

⇩

이런 팬을 1명씩 꾸준히 늘려나간다. 이 과정을 1,000번 반복하여

1,000명의 열성 팬을 만든다.

⇩

일류 프로듀서가 곡의 '품질'보다는

최소 1,000명에게 팔 수 있다는 '판매 가능성'에 주목한다.

⇩

프로듀서의 지원을 받아 데뷔한다.

⇩

크게 히트하지는 않았지만, 아마추어 시절보다는 인지도가 넓어진다.

그리고 자신의 힘으로 이들을 열성 팬으로 만든다.

⇩

열성 팬이 3만 명으로 늘어난다.

이후에는 2가지 갈래로 나뉜다.

【패턴 1】

'3만 명의 열성 팬을 만든 팬 관리 능력'에 주목한 일류 프로듀서가 대대적인 프로모션을 진행하고, 100만 명의 팬을 만들어낸다.

【패턴 2】

일류 프로듀서나 미디어의 제안을 거절하고, 자신이 관리할 수 있는 범위 내에서 한 사람 한 사람 팬을 늘려 10만 명의 강력한 팬덤을 구축한다(TV에 잘 출연하지 않는 카리스마 뮤지션이 이 유형에 속한다).

좋은 것만 만들고 누군가 알아보기를 가만히 기다려서는 안 된다. **먼저 자기 힘으로 눈앞의 한 사람을 만족시키고, 그 과정을 1,000번 반복해서 1,000명의 열성 팬을 만들어야 한다. 계속하다 보면 '고객을 팬으로 만드는 방법'을 터득하게 된다.**

1,000명의 열성 팬이 생기면 반드시 미디어나 세상의 주목을 받게 되고, 필요하다면 그때 데뷔하면 된다. 아무 기반 없이 데뷔해 봤자 팬은 쉽게 얻을 수 없고, 운 좋게 성공하더라도 고객을 팬으로 만드는 방법을 모르면 '반짝스타'로 끝날 가능성이 매우 높다.

스스로 팬을 만드는 힘이 있다면 굳이 메이저에 의존할 필요가 없다. 참고로, 여기서 '메이저'란 대중매체 노출, 인터넷상에서의 대규모 바이럴 마케팅 등을 의미한다. 실제로 TV 출연이 거의 없는 유튜버들이 높은 수익을 올리는 이유도 이 '스스로 팬을 만드는 힘' 덕분이다.

일본의 유명 밴드 'GLAY'는 팬클럽 회원의 생일이 있는 달에 멤버들의 메시지가 담긴 카드를 보내준다. 또, 기존의 회보와는 달리 스마트폰에 최적화된 전용 콘텐츠를 제공하는 모바일 팬클럽도 추가로 운영하고 있다. 그들은 아무리 유명해져도 팬들과 직접 소통하는 노력을 멈추지 않는다.

'눈앞의 고객을 열성 팬으로 만드는 힘'은 아티스트뿐만이 아니라 모든 사업에도 꼭 필요하다. 우리 회사가 콜센터를 직접 운영하는 이유도 '고객과 직접 소통하여 팬으로 만들기 위해서'다.

누군가가 팬을 데려와 주기를 기다리지 말고 스스로 팬을 만들어야 한다. 우선 눈앞의 고객 한 사람을 만족시키는 것부터 시작하자.

82

헤비 유저일수록 고객 충성도가 낮았던 일화

부끄러운 이야기지만, 2000년대 초반 우리 회사가 자만했다는 사실을 깨닫게 해준 설문조사가 있다. 아직 인터넷으로 물건을 사는 것이 흔치 않던 시절의 이야기다. 이 설문조사에서는 고객을 다음 두 그룹으로 나누었다.

- 구매 이력이 4회 이하인 라이트 유저
- 구매 이력이 5회 이상인 헤비 유저

그리고 각 그룹의 고객들에게 메일을 보내 다양한 질문을 했는데, 깜짝 놀랄 만한 답변이 돌아왔다.

구매 이력이 4회 이하인 라이트 유저는 "여기가 정말 좋아요!”, “늘 여기서 사요!”와 같은 답변을 했고 로열티가 높았다.

반대로 5회 이상 구매한 헤비 유저는 “어? 거기가 어느 쇼핑몰이었죠?”, “내가 여기서 5번이나 샀다고요?” 같은 반응을 보이며 로열티가 오히려 낮은 경향이 있었다.

당시의 시대적 배경도 있겠지만, 구매 이력이 4회 이하인 고객 중에는 대체로 이런 사람이 많았다.

- 이 회사를 통해 처음으로 온라인 쇼핑을 했다.
- 이 회사 외에는 인터넷으로 물건을 사본 적이 없다.

그래서 구매 횟수는 적지만, ‘처음으로 온라인 쇼핑을 경험하게 해준 회사’라는 이유로 호의적인 답변을 한 것이다. 반면에 5회 이상 구매한 사람들은 원래부터 온라인 쇼핑에 익숙한 사람들이었다. 그들은 여러 곳에서 물건을 사다 보니 쇼핑몰 이름을 일일이 기억하지 않았다. 우리가 ‘충성도 높은 고객’으로 분류했던 사람들은, 사실 우리를 그다지 의식하지 않고 있었다. 매일 세븐일레븐에 가는 사람이 세븐일레븐을 특별히 좋아해서가 아니라, 단지 가장 가까운 편의점이라서 이용하고 있는 것처럼 말이다.

‘헤비 유저’, ‘라이트 유저’라는 분류는 사업자 측의 일방적인 판단에 불과하다. 이 사례에서 알 수 있듯이, 여러 번 구매했으니 당연히 우리 회사에 호감이 있고 우리 마케팅 전략이 성공했을 거라는 자만에 빠지면 안 된다.

고객은 그저 우연히 눈에 띈 곳에서 구매했을 수도 있다. 매출이 오른 이유가 정말 실력 때문인지, 고객이 진심으로 제품이나 서비스를 좋아해서인지를 항상 경계하고 점검해야 한다는 것을 깨닫게 된 사건이었다.

83

마케팅에 철학을 담다

나는 신입 시절 리크루트 홀딩스(Recruit Holdings)에서 채용 광고를 만드는 일을 하면서 마케팅의 기본을 배웠다. 지금은 상품 광고를 다루고 있지만, 상품 광고와 채용 광고는 추구하는 목표가 조금 다르다.

상품 광고는 타깃이 아닌 고객에게 반응이 오더라도 구매로 이어지면 감사한 일이다. 하지만 채용 광고는 타깃 외의 지원자가 몰려들수록 선별 작업만 늘어날 뿐이므로, '타깃 외의 반응은 0'이 되는 것이 이상적이다. 그래서 채용 광고는 특히 타깃 설정이 중요하다.

나는 타깃 설정의 중요성을 배우면서 **'마케팅에는 반드시 철학이 필요하다'**라는 것을 깨달았다.

이 책에는 '83가지 방법'이라는 부제를 붙였는데, 마지막으로 내가 마케팅 철학을 형성해 온 과정을 소개하고자 한다.

83-1. 키엔스의 채용 광고 마케팅

이것은 약 30년 전, 지금은 일본에서 시가총액 2, 3위를 다투는 키엔스가 막 상장한 무렵의 이야기다.

키엔스의 신입사원 채용 광고는 상장하기 전부터 오랫동안 내 리크루트 시절의 선배가 담당하고 있었다. 매년 키엔스의 신입 1년 차 사원을 대상으로 인터뷰를 진행해 광고를 제작했는데, 어느 해 인터뷰를 하던 중 선배는 이상한 기운을 감지했다고 한다.

그전까지 신입사원들은 "내가 키엔스를 이렇게 바꾸고 싶다", "이렇게 성장시키고 싶다"라는 식으로 '자신이 해야 할 일'을 주제로 이야기했다. 그런데 어느 순간부터 분위기가 달라지기 시작했다. "키엔스는 이렇게 해야 한다"라며 회사(혹은 경영진)를 평가하는 식의 발언이 늘어난 것이다.

이런 변화는 키엔스가 상장하고 회사 규모가 커진 이후부터 두드러졌다. 회사가 커지면서 고학력 학생들을 채용할 수 있게 된 것도 하나의 요인이었다. 상대적으로 고학력 신입사원일수록 스스로 주체가 되기보다는 비평가처럼 회사를 바라보는 경향이 강했다. 선배는 이 변화를 '대기업 병'의 징조라고 보았다.

여기에는 채용 시장의 딜레마가 존재한다. 기업으로서는 채용 광고에 '신뢰성'이나 '실적' 같은 요소를 어필하는 것이 유리하다. '대기업처럼 보일수록' 지원자 수가 늘고, 고학력 인재를 뽑기도 쉬워지기 때문이다.

벤처기업은 대기업에 비해 신뢰성이나 실적이 부족하므로, 그 약점을 조금이라도 메우기 위해 신뢰와 관련된 요소를 강조할 수밖에 없다. 그리고 회사가 성장해 신뢰성과 실적이 대외적으로 인정받게 되면, 채용 광고에서는 더욱 '안정적인 회사'라는 점을 내세우게 된다.

이렇게 해서 지원자 수를 늘리고 고학력 인재를 더 많이 뽑을 수 있게 되지만, 또 다른 문제가 발생한다. 신뢰성과 실적에 끌린 인재는 안정 지향적인 성향이 강하고 주체적으로 행동하려는 의식이 약하다는 점이다. 신뢰성과 실적을 충분히 인정받기 전까지는 '안정감'을 어필하는 것이 효과적이지만, 어느 순간부터는 오히려 독이 되어 회사의 성장을 가로막게 된다.

내가 이 회사를 성장시키겠다는 주체 의식이 없는 인재만 모이면, 그 회사는 더 이상 성장할 수 없다. 인재 확보는 단순히 숫자나 학력의 문제가 아니라 주체성을 가진 사람을 얼마나 채용할 수 있느냐가 관건이다.

선배는 이런 상황을 인식하고, 키엔스에 '신뢰성'을 강조하는 채용 광고를 과감히 버릴 것을 제안했다. 키엔스는 이 제안을 받아들였다. 그리고 "대기업이니까 안심하세요"가 아니라, "여러분이 키엔스를 키워주십시오"라는 벤처 정신을 전면에 내세운 광고로 방향을 틀었다.

이후 '벤처 기질'을 가진 지원자들의 수가 눈에 띄게 늘어났다. 그리고 그런 인재들을 채용하기 시작하면서 키엔스는 놀라운 성장 궤도를 그리게 된다. 그때 채용 광고를 바꾸지 않았더라면, 지금의 키엔스는 평범한 대기업으로 남았을지도 모른다.

상품 광고든 채용 광고든 광고에는 기업의 운명을 좌우하는 커다란 힘이 있다. 그러므로 절대로 한순간도 소홀히 다루어서는 안 된다.

기업을 둘러싼 환경과 직면하는 과제는 끊임없이 변한다. 광고 역시 매번 새롭게, 그리고 매번 진심을 담아 만들어야 한다.

83-2. 요시모토코교의 채용 광고 마케팅

이 이야기도 약 30년 전, 내가 리크루트에 재직 중이던 시절의 일이다. 당시 오사카에 본사를 둔 요시모토코교는 내가 있던 신입 채용 광고 부서가 몇 번을 영업해도 거래가 성사되지 않는 '난공불락의 기업'이었다. 이유는 간단했다. 요시모토코교 정도의 인지도라면 굳이 신입 채용 광고를 내지 않아도 매년 수많은 학생이 알아서 지원했기 때문이다. 굳이 광고에 돈을 들일 필요가 없던 것이다.

이 난공불락의 요시모토코교를 공략하기 위해 같은 부서의 선배는 그 회사가 안고 있는 과제를 조사했다. 그러자 어렴풋이나마 몇 가지 문제가 보이기 시작했다.

요시모토코교에는 매년 많은 지원자가 몰려들었지만, 그들 대부분은 '코미디언 지망생 출신'이거나, '방송·미디어 분야를 지망하지만, 방송국이나 대형 광고대행사에 가지 못한 학생들'이었다.

당시 요시모토코교는 단순한 '연예 기획사'에서 '종합 엔터테인먼트 상사'로의 변신을 꾀하고 있었다. 구체적으로는 극장 운영이나 연예인 매니지먼트뿐만 아니라, 방송 콘텐츠 기획 및 제작, DVD 제작, 라이선스 판매 등 '엔터테인먼트 콘텐츠의 종합상사'를 목표로 했다.

이런 변화를 위해 필요한 인재는 '코미디언 지망생 출신'이 아니다. 또한, 방송국이나 광고대행사와 대등하게 경쟁하려면, 그곳에 가지 못한 인재가 아니라 종합상사에서도 활약할 수 있을 만큼 강력한 인재가 필요하다.

하지만 종합상사를 지망하는 학생들은 요시모토코교를 취업 대상 기업으로 생각하지 않았다. **학생들은 요시모토코교의 '존재'는 알고 있었지만, 그들이 '종합 엔터테인먼트 상사를 목표로**

하고 있다는 사실'은 몰랐기 때문이다.

이 문제를 해결하려면, 종합상사를 지망하는 학생들에게 "요시모토코교는 종합 엔터테인먼트 상사다"라는 메시지가 담긴 신입 채용 광고를 내야 했다. '현재' 요시모토코교의 '채용 과제'가 아니라, '미래' 요시모토코교의 '경영 과제'에 접근한 것이다.

이 제안을 들은 요시모토코교는 두말없이 거래를 수락했다. 아마 이것은 요시모토코교가 창사 이래 처음으로 채용 광고에 돈을 쓴 사례였고, 기업 역사에 남을 전환점이 되었다. 그 후 요시모토코교가 종합 엔터테인먼트 기업으로 탈바꿈했다는 것은 모두가 잘 아는 사실이다.

인재 채용은 지원자를 많이 모은다고 다가 아니다. 무엇보다 질이 중요하다. **인재 채용은 '지금의 이 회사'에 필요한 사람이 아니라, '미래의 이 회사'에 필요한 사람을 뽑는 것이다.** 모든 일은 결국 회사의 미래와 연결되어 있다. 특히 채용 광고는 이 회사의 미래에 도움이 될 인재를 끌어들일 수 있도록 만들어졌는지 확인해야 한다.

이는 상품 광고에서도 마찬가지다. 아무리 클릭 수가 많아도 구매로 이어지지 않으면 의미가 없다. 또, 아무리 많은 사람에게 구매 전환을 유도해도 LTV가 낮은 전환만 반복된다면 회사의 미래에 도움이 되지 않는다.

단순히 인지도가 높고 사람들이 많이 안다고 좋은 것이 아니다. 눈앞의 숫자에 현혹되지 말고, **'어떤 사람에게, 어떻게 인식되어야 하는가?'를 고민하고, 그 목표를 향해 전략을 세우는 것이 중요하다.**

광고를 낼 것인가 말 것인가. 낸다면 어떤 의도로 낼 것인가. 광고란 상품 광고든 채용 광고든 기업의 미래를 결정짓는 중요한 요소다.

83-3. JA의 채용 광고 마케팅

이것은 내가 '광고를 통한 영역 분리'에 대해 배웠던 이야기다. 이 역시 리크루트에 재직하던 시절, JA(Japan Agricultural Cooperatives, 농업협동조합)의 신입 채용 프로젝트에 참여했을 때의 에피소드다.

JA는 다양한 업무를 다루지만, 그중에서도 농가에 대출 등 금융 서비스를 제공하는 금융기관 역할이 가장 핵심이었다. 그래서 주요 채용 타깃도 '금융기관에 관심 있는 사람'으로 설정하고 있었다.

하지만 금융권에 취업하고 싶은 학생들은 먼저 시중은행에 지원하고, 거기서 떨어지면 지방은행, 제2금융권 은행, 신용금고 순으로 지원하다가 마지막으로 어쩔 수 없이 JA에 지원하는 것이 현실이었다.

그러나 금융 비즈니스 현장에서는 시중은행, 지방은행, 제

2금융권 은행, 신용금고 모두가 경쟁사다. 경쟁사에서 불합격한 인재를 채용해서는 당연히 경쟁에서 이길 수 없다. 이처럼 인재 역량이 중요한 금융 서비스 업계에서 JA는 압도적으로 불리한 위치에 있었다.

그러나 이런 상황 속에서도 드물게 타 금융기관을 제치고 고객을 확보하는 직원들이 있었다. 몇몇 그런 직원들을 인터뷰한 결과, JA에서 성과를 내는 이들의 공통점을 발견했다. **그들은 '금융기관이 좋아서' JA에 들어온 사람들이 아니었다. '농가의 할머니와 툇마루에 앉아 한가롭게 차 마시는 것을 좋아하는 사람들'이었다.**

그들은 오토바이를 타고 논길을 달리며, 농가를 하나하나 찾아가 필요한 것이 없는지 묻는다. 그리고 할머니의 마음에 들어 툇마루에 올라 함께 햇볕을 쬐며 차를 마시고 말벗이 된다. "손주가 다음 달이면 초등학교에 들어가지요?"라며 집안의 소소한 일까지 꿰고 있다.

이렇게 신뢰를 쌓은 농가는 자금 수요가 생기면 무조건 JA를 찾는다. 상대가 시중은행이든 지방은행이든, 번듯한 정장을 입고 유리한 조건을 제시하는 사람보다 늘 찾아와 주고 살갑게 대해 준 JA 직원에게 맡기고 싶어 하는 것이다.

JA가 채용해야 할 인재는 '금융권에 관심이 있지만 여기저기에서 떨어진 사람'이 아니라, '지역에 밀착하여 농가 사람들과 따뜻하게 교류하는 것을 좋아하는 사람'이다.

그래서 채용 광고의 콘셉트를 바꾸었다. "JA는 금융기관입니다. 금융에 관심 있는 분은 지원하세요"에서 "JA의 일은 지역에 밀착하여 농가와 함께 살아가는 일입니다"로 바꾼 것이다.

그러자 지원자의 질이 단번에 달라졌다. 지원자 대부분은 다른 금융기관에는 관심이 없고, 다른 사람과의 따뜻한 관계를 소중히 여기는 인재들로 채워졌다.

이것이야말로 궁극의 '영역 분리'다.

다른 금융기관과 '경쟁하는' 것이 아니라, 전혀 다른 무대로 '영역을 분리'함으로써, 채용 시장에서의 충돌이 사라진 것이다.

이후 JA를 제1지망으로 생각하는 사람들만 지원하게 되다 보니, 다른 금융기관에 최종 합격자를 빼앗기는 일도 없어졌다. 금융기관 입사를 희망하는 사람은 은행으로 가고, 할머니와 친하게 지내기를 좋아하는 사람은 JA로 간다. 각자 자신의 성향에 맞는 직업을 찾고, 기업 역시 자사에 맞는 인재를 채용할 수 있게 되었다. 농가의 할머니들도 말벗이 되어주는 좋은 JA 직원이 늘어나 기뻐했다. 모두가 행복해진 셈이다.

이때 나에게는 명확한 마케팅 철학이 생겼다. **내가 추구하는 마케팅은 '영역 분리'다.** 영역 분리는 경쟁을 없애고 모두를 행복하게 한다. 이는 비즈니스뿐만 아니라 국가 간 분쟁에서도 마찬가지다.

기업들이 노골적으로 점유율 다툼을 벌이는 모습은 고객이 보기에도 썩 유쾌하지 않다. 고객을 빼앗는 것이 아니라, 각자가 자사 상품에 맞는 고객을 찾아가도록 만드는 것이 내가 마케팅에서 추구하는 목표다.

이를 위해 각자가 우리 상품은 어떤 사람에게 가장 적합한가를 깊이 고민해 광고를 만들어야 한다. 모든 회사가 이렇게 한다면 시장은 자연스럽게 분리되고, 경쟁사 간의 싸움도 사라질 것이다.

그래서 나는 이런 마케팅을 추구하는 동시에, 그 과정에서 얻은 노하우를 책을 비롯한 다양한 매체를 통해 공개하고 있다. 다른 회사의 성공한 광고를 모방하는 것이 아니라 자사 상품의 본질을 파고드는 광고 제작법을 전파하기 위해서다.

본질을 꿰뚫는 광고야말로 경쟁을 없애고 시장을 분리한다. 모든 마케터가 본질을 꿰뚫는 마케팅 전략을 세울 수 있게 되기를 진심으로 바란다.

83-4. 광고란 솔루션이다

어찌 보면 당시 내가 컨설팅 업무를 하던 것처럼 보이겠지만, 어디까지나 채용 광고란을 판매하는 영업 사원이었다.

"이렇게 많은 사람에게 노출되는 매체입니다."

"이런 소비자층에 접근할 수 있습니다."

"광고비가 이렇게 저렴합니다."

만약 내가 이런 식으로 영업했다면, 당연히 경쟁사들과 가격 경쟁에 휘말릴 것이 뻔했다. 그래서 나는 고객 기업의 '경영 과제'를 먼저 파악하고 그 해결책으로서 '채용 광고 크리에이티브'를 기획한 다음, 그것을 게재하는 지면의 비용으로서 대가를 받았다.

이처럼 광고는 단순한 홍보 수단이 아니라 '상대방의 과제를 해결하는 솔루션'이다. 그러려면 먼저 상대방의 과제를 깊이 이해해야 한다.

키엔스, 요시모토코교, JA의 3가지 사례를 보면 알 수 있듯이, 정말 중요한 과제는 상대방이 '원래 생각했던 것'과 다른 경우가 많다. 이야기를 직접 듣고 분석하여 상대방이 미처 깨닫지 못한 과제를 발견해 내는 것이 핵심이다.

인터뷰 중에 "귀사에는 지금 이런 과제가 있지 않나요?"라고 질문을 던지면, "맞아요! 그걸 어떻게 아셨죠?"라는 반응이 나올 때가 많다.

그리고 그 과제를 해결하기 위해 '누구에게(어떤 유형의 구직자에게)', '무엇을(그 회사의 어떤 부분을)', '어떻게' 전달할 것인가를 고민하여 '경영 과제 해결을 위한 솔루션 크리에이티브'를 만드는 것이다.

기업 측으로부터 회사 소개 자료를 받아 요청대로만 작업해서는 진정한 솔루션 크리에이티브는 만들 수 없다.

여기까지의 이야기를 통해 알 수 있듯이, 마케팅의 본질은 30년 전이나 지금이나 변하지 않았다. 웹마케팅이 등장하면서 '어떻게'의 수단이 종이에서 전파, 컴퓨터, 스마트폰 등으로 바뀌었을 뿐이다. 하지만 '누구에게'와 '무엇을'은 예나 지금이나 다르지 않다.

'어떻게'의 방법론은 앞으로도 계속 바뀔 것이다. 메타버스가 대중화되면 또 새로운 표현 방식이 등장할 테니 말이다. 따라서 '누구에게'와 '무엇을'을 꿰뚫어 본 마케터는 어떤 시대가 와도 통한다. 반대로 '어떻게'만 아는 마케터는 시대가 변하면 바로 도태된다.

여러분이 어느 시대에나 통용되는 진정한 마케터가 되기를 바란다.

83-5. 솔루션 크리에이티브 제작법

채용 광고는 '기업'의 과제를 해결하기 위한 솔루션 크리에이티브를 '구직자' 대상으로 만들지만, 상품 광고에는 2가지 유형의 솔루션 크리에이티브가 존재한다.

첫 번째는 '소비자'의 과제 해결을 위한 솔루션 크리에이티브를 '소비자 자신'을 대상으로 만드는 경우다. 이때는 먼저 소비자를 깊이 이해하고, 그들의 숨은 과제를 발견해야 한다. 그리고 그 과제를 해결하는 데 이 상품의 어떤 부분이 소비자에게 유익한지를 찾아내 광고의 핵심 메시지로 삼는다.

이때 다른 경쟁 상품과 어떻게 차별화할 것인가가 매우 중요하다. 이를 위해서는 '소비자', '상품', '경쟁 대상'에 대해 철저히 파악해야 한다.

두 번째는 채용 광고와 마찬가지로 '기업'의 과제를 해결하는 솔루션 크리에이티브다.

예를 들어, 광고를 통해 신규 고객을 순조롭게 확보하고 매출은 증가했지만 이익이 늘지 않는 상황을 생각해 보자.

여러 각도로 분석해 보니, 소비자의 LTV가 낮아 신규 고객 확보 단가가 비용 부담으로 작용하고 있다는 사실을 알게 되었다. 이 상태로는 신규 확보를 계속해도 이익은 늘지 않는다.

이때 필요한 것은 LTV를 끌어올리는 것이다. 그래서 우선 'LTV가 높은 기존 고객들'을 대상으로 심층 인터뷰를 진행해 보니, 고객들이 이 상품의 주요 소구점보다 '○○'라는 부분에 더 큰 가치를 느끼는 경우가 많다는 사실을 발견했다.

이 사실을 바탕으로, '누구에게(○○ 기능에 매력을 느낀 소비자에게)', '무엇을(이 상품의 ○○ 기능을)'을 어필하는 크리에이티브를 만든다.

이런 식으로 개선하면 같은 수의 신규 고객을 확보하더라도 LTV가 높아져 이익이 증가하게 된다.

이것이 바로 기업의 '낮은 이익률'이라는 과제를 해결하는 솔루션 크리에이티브다.

솔루션 크리에이티브는 '누구에게'와 '무엇을'의 비중이 90%이고, '어떻게'의 비중은 10%에 불과하다. 물론 '어떻게'도 중요하지만, 그것에만 매달려 있는 한 절대 수준 높은 마케팅 전략을 세울 수 없다.

광고를 만드는 일은 '숭고한 일'이다.

여러분이 '영역 분리'의 철학을 실현할 수 있는 고차원적 마케터가 되어주길 진심으로 바란다.

FUNDAMENTALS
×
TECHNICALMARKETING

마치며

이 책을 쓴 이유

끝까지 읽어주신 독자 여러분께 진심으로 감사드린다.

마지막으로 왜 이 책을 쓰게 되었는지 2가지 이유를 이야기하려고 한다.

첫 번째 이유는 함께할 동료를 찾기 위해서다.

앞으로 세상은 웹 중심으로 더욱 빠르게 변화하고 웹마케팅의 중요성도 계속해서 커질 것이다.

이런 시대의 흐름 속에서, 나는 이 책에서 소개한 '펀더멘털 마케팅'과 '테크니컬 마케팅'이라는 강력한 무기를 가지고 함께 세상을 바꾸어 나갈 동료를 찾고 있다.

하지만 안타깝게도 현재 '웹 마케터'를 자처하는 많은 이들이

'단순한 디지털 오퍼레이터'의 수준에 머물러 있다. 그래서 '진정한 웹마케팅이란 무엇인가'를 이 책을 통해 세상에 알리고, 그 내용에 공감하는 이들이 우리의 동료가 되어주기를 바라는 마음에서 이 책을 쓰게 되었다.

만약 이 책의 내용에 공감했다면, 꼭 웹마케팅 분야에 도전해 주었으면 한다. 어느 지역이건 어떤 근무 형태이건 함께 웹마케팅의 즐거움을 나누고 싶다.

그리고 두 번째 이유는 노하우를 공개하는 것이 우리 회사뿐만 아니라 업계 전체에 긍정적인 영향을 줄 것이라고 믿기 때문이다.

이번에 나의 노하우를 책이라는 형태로 공개했지만, 독자 중에는 내가 경영하는 회사와 경쟁 관계에 있는 사람도 있을 것이다. 그렇다면 경쟁사에까지 노하우를 공개한 이유가 무엇인지 의문을 가질지도 모른다.

이 책에서 공개한 노하우의 핵심은 결국 '**펀더멘털과 테크니컬 기법을 활용하여 적절한 타깃에게 효율적으로 접근하자**'라는 것이다.

모든 회사가 이 원칙을 제대로 실천한다면, 타깃이 아닌 사람에게 광고를 노출하거나 타깃에게 제대로 전달되지 않는 비효율적인 광고 집행이 줄어들게 된다. 게다가 각 기업이 광고를 효율적으로 운영하게 되면, 업계 전체의 과도한 광고 물량이 줄어들고 광고 매체의 평균 게재 비용이 안정되거나 하락할 수 있다.

또한, 각 기업이 타깃 고객에게 집중하는 마케팅을 펼치게 되면, 자연스럽게 시장이 분리되어 불필요한 경쟁이 줄어든다. 이는 우리 회사를 포함한 업계 전체의 이익률 상승으로 이어질 수 있다.

한편, 소비자로서도 자신과 관련 없는 불필요한 광고가 줄어들고, 정말 관심 있는 분야의 유용한 광고만 보게 되니 만족도가 높아질 것이다. 결과적으로 소비자는 인터넷 매체를 더 편리하고 유용하게 느끼게 되고, 이용 시간 또한 자연스럽게 늘어날 수 있다. 이는 인터넷 매체의 광고 공간 증가로 이어지고, 당연히 매체의 매출 증대에 도움이 된다.

이처럼 모든 기업이 펀더멘털과 테크니컬 마케팅 기법을 활용하여 적절한 타깃에게 효율적으로 접근한다면 광고주 업계, 소비자, 그리고 인터넷 매체 모두에게 이익이 돌아가는 선순환 구조가 만들어진다. 이것이야말로 바람직한 상생이 아닐까.

나는 이 책을 통해 웹광고 업계가 조금이나마 긍정적인 방향으로 변화하기를 바라는 마음으로 글을 썼다. 이 책에 담긴 내용을 실천한다면 분명 많은 것이 달라질 것이다.

책을 덮는 순간, 망설이지 말고 바로 행동에 옮겨주기를 바란다. 틀림없이 여러분의 그 한 걸음이 웹마케팅의 세계를 바꾸어 나갈 것이다.

옮긴이의 말

우리가 사는 시대는 온라인 시장이 등장하기 전의 전통적인 마케팅 이론이 통하지 않게 되었다. 경쟁자와의 물리적인 거리는 물론, 판매 공간과 커뮤니케이션 비용의 한계가 사라졌기 때문이다. 웹 환경의 등장은 마케팅의 새로운 국면을 열었고, 과거의 성공 공식은 더 이상 유효하지 않게 되었다. 이 책의 저자인 기노시타 가쓰히사는 그러한 변화 속에서 작은 1인 기업을 도쿄 증시에 상장시키며 독자적인 웹 마케팅 기법을 구축해 왔다.

사람을 이해하지 못하면 데이터는 의미가 없다. 이 책은 이 단순한 진실에서 출발한다. 상품을 분석하고 수많은 지표를 계산하는 일보다 '왜 그렇게 행동했는가?'를 묻는 태도가 중요하다는 것이다.

저자가 말하는 '펀더멘털 마케팅'은 단순한 기초 전략이 아니다. 상품과 소비자의 본질을 깊이 탐구하고 소통 방식을 설계하는 전략적 과정을 뜻한다. 반대로 '테크니컬 마케팅'은 데이터와 지표를 토대로 운영을 최적화하는 방법론이다. 그러나 그 목표 역시 숫자를 통해 사람의 행동을 이해하기 위한 데 있다.

저자는 이 두 가지 기술이 조화를 이루어야 비로소 웹 마케팅이 본연의 역할을 다할 수 있다고 강조한다. 펀더멘털이 전략과 방향을 세우고, 테크니컬이 그 실행을 돕는 도구가 되어야 한다. 펀더멘털 영역을 소홀히 한 채 테크니컬에만 의존한다면 마케팅은 그저 의미 없는 숫자놀음이 되고 만다.

이 책을 번역하면서 마케팅은 결국 사람에 대한 이해에서 출발한다는 사실을 새삼 느꼈다. 클릭률과 전환율 같은 수치를 아무리 정교하게 다루어도, 그것은 어디까지나 사람의 행동에서 비롯된 결과이기 때문이다. 그런 점에서 데이터 분석은 단순한 계산이 아니라, 대화이자 공감이라는 생각이 들었다.

인공지능과 자동화가 마케팅의 표준이 된 지금, 이 책이 진정한 웹 마케터로 성장하고자 하는 분들에게 작은 도움이 되기를 바란다.

김지낭

마음을 움직이는 온라인 마케팅 83가지 법칙

펀더멘털×테크니컬 마케팅

발행일 1판 1쇄 2026년 1월 10일

지은이 기노시타 가쓰히사(木下勝寿)
옮긴이 김지낭
발행인 채희만
출판팀 강미연, 성희령 | **마케팅팀** 한석범 | **경영관리팀** 이승희
발행처 인피니티북스 | **브랜드** 인라우드
주　소 경기도 고양시 일산동구 하늘마을로 158, 대방트리플라온 C동 209호
대표전화 02)302-8441 | **팩스** 02)6085-0777

도서문의 및 A/S 지원
홈페이지 www.infinitybooks.co.kr | **이메일** helloworld@infinitybooks.co.kr
ISBN 979-11-7533-004-7 (03320) | **등록번호** 제2021-000018호
판매정가 22,000원

· 인라우드는 인피니티북스(주)의 브랜드입니다.
· 파본은 구입처에서 교환하여 드립니다.